Cadena de suministro 4.0

Beneficios y retos de las tecnologías disruptivas

Alberto Tundidor (coordinador)

Eva Hernández
Cristina Peña
Javier Martínez
Javier Campos
Carlos Hernández

Con la colaboración de:

www.logisnet.com

MARGE BOOKS

Índice

Los autores

Esta edición es una iniciativa de:

Alberto Tundidor Díaz

Ingeniero Químico. Técnico superior en prevención de riesgos laborales. Fundador y CEO de Global Humano. Editor especializado en ediciones técnicas. Autor del libro *Cómo innovar en las pymes.*

Eva Hernández Ramos

Licenciada en Derecho. Especialista en Derecho marítimo, estiba y transporte. Dirige el área legal de varias compañías. Coautora de *Manifiesto Ciberhumanista* y *Manual del comercio electrónico.*

Cristina Peña Andrés

Ingeniero superior Industrial. MBA Internacional. Directora Global de Recambios del Grupo Alimak. Autora de varios libros sobre comercio internacional, cadena de suministro y gestión del transporte, entre los que destacan *Sales and operations planning. S&OP in 14 steps, Manual de transporte para el comercio internacional* y *Negociación para el comercio internacional.*

Javier Martínez García

Ingeniero mecánico, experto en visión artificial. Fundador y CEO de Odyssey Robotics. Ha ganado varios premios de emprendimiento, con proyectos tecnológicos.

Javier Campos Lleó

Experto en realidad aumentada (AR), virtual (VR) y mixta (MR). Desarrollador y formador. CTO en Aumenta Solutions. Administrador y CTO en Ediam Sistemas

Carlos Hernández Barrueco

Especialista en logística avanzada. Formador en diversas escuelas de negocios. Creador de la metodología Aurum de gestión y aprendizaje. Autor de varios libros sobre técnicas de gestión logística, y coautor de *Manifiesto Ciberhumanista* y *Manual del comercio electrónico*.

Introducción

Alberto Tundidor Díaz

La tecnología se dispone, de nuevo, a ser un factor que se va a utilizar para promover profundas transformaciones en muy diferentes ámbitos empresariales y sociales.

Cuando la más reciente de todas las revoluciones tecnológicas, internet, aún no ha terminado de mostrar sus efectos en la economía, una nueva generación de tecnologías la toman como base e impulsan lo que ya es la revolución tecnológica de la industria 4.0, o del mundo 4.0.

Tecnologías como la impresión 3D, la visión artificial, la realidad aumentada, la realidad virtual, el internet de las cosas, la cadena de bloques, el aprendizaje máquina, la robótica, los vehículos autónomos, los datos masivos, entre otras, están transformando la manera de hacer las cosas en el mundo empresarial y, en general, en la vida cotidiana.

Se trata de la revolución de la **interconexión** entre el mundo físico y el virtual, de la ingeniería de la información, de las máquinas inteligentes, o de las nuevas formas de producir.

En definitiva, se trata de la digitalización masiva de las empresas.

La palabra digitalización ha acabado con la hegemonía de otro concepto de gran relevancia en la literatura empresarial: innovación. Ahora, ambas deben compartir un mismo espacio. El término digitalización posee una amplitud pocas veces visto en otras expresiones, en cuanto a la intensidad con que se emplea y, sobre todo, en cuanto a la rapidez de su implantación. Sin duda, se trata de un comportamiento acorde con el paradigma de velocidad vertiginosa e información masiva imperante.

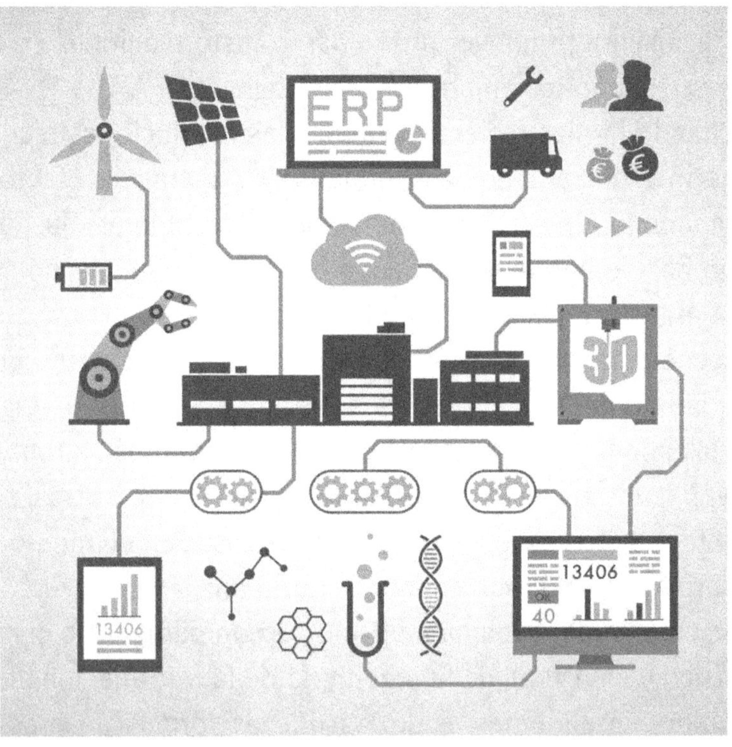

Figura 1. La industria 4.0 se puede percibir como la interconexión entre el mundo físico y el mundo virtual, a través de un conjunto de nuevas tecnologías.

Y al igual que sucedía con la innovación, para la digitalización no existe un consenso respecto a su significado o alcance, y todavía se debate en torno a qué elementos implica, qué procesos nuevos genera, o cuál es la utilidad real de su implantación.

Lo que sí está claro es que las empresas, tanto las grandes como las pequeñas, han de enfrentar el proceso de digitalización si quieren seguir formando parte activa del mercado y no verse apartadas a espacios marginales.

Pero, ¿qué es realmente la digitalización?

Se puede entender la **digitalización** como un proceso global de transformación en el que, a través de la implantación de las tecnologías de la información y de la comunicación, la empresa:

- Genera, almacena, intercambia y utiliza su información en formato digital.
- Extrae de la información digital un valor muy superior al que se obtenía de la misma información en formato analógico.
- Toma decisiones basadas en el análisis de miles, o millones, de datos.
- Aumenta en gran medida la eficacia de sus procesos, mediante la implantación de herramientas de trabajo digitales.
- Optimiza, a través de la automatización, las operaciones más repetitivas.
- Ofrece servicios a sus clientes a través de plataformas digitales, en múltiples canales.
- Crea contextos totalmente personalizados en los que se relaciona con sus clientes, proveedores y demás partes

interesadas, con los que comparte la información de manera transparente, consensuada y totalmente segura.
- Desarrolla su actividad como parte de uno o varios ecosistemas empresariales.
- Idea nuevos modelos de negocio que continúen generando valor, tanto para ella como para todas las partes que interaccionan con ella.
- Aprovecha las oportunidades que ofrece el entorno, y toma decisiones ventajosas que la sitúan por delante de sus competidores.

En este libro se muestran algunos ejemplos de los beneficios que la cadena de suministro de las empresas va a obtener del proceso de digitalización, o transformación en una cadena de suministro 4.0, así como los nuevos modelos de organización humana que surgirán como consecuencia de dicho proceso.

Sin embargo, antes de describir con detalle algunos casos significativos, es necesario reflexionar acerca de la propia cadena de suministro, su naturaleza y la vía a través de la que impactan en ella las tecnologías digitales.

La **cadena de suministro** cubre la totalidad de las operaciones que realiza una empresa. Desde la adquisición de los recursos necesarios para su funcionamiento, hasta la entrega final de los bienes y servicios que produce. Así, abarca todos los procesos de la empresa, tanto los principales como aquellos que se pueden considerar auxiliares.

Afirmar que la cadena de suministro se beneficiará de las tecnologías digitales quiere decir que toda la empresa se verá beneficiada. Y en tanto que la cadena de suministro es también el nexo de unión de la empresa con su entorno, a través de proveedores, clientes y otras partes interesadas, estas tecnologías beneficiarán también al entorno de la compañía. Por extensión, estos beneficios deben alcanzar al conjunto de la sociedad (véase la figura 2).

En cuanto al camino por el que las nuevas tecnologías van a canalizar su impacto positivo en la cadena de suministro, se puede sintetizar en la palabra **innovación.**

Entendiendo como innovación la «transformación en valor de una oportunidad de mejora, introduciendo un cambio en un sistema de referencia», es precisamente en las oportunidades de mejora en las cadenas de suministro de las empresas donde más se producirá un impacto beneficioso (véase la figura 3).

Las empresas deben ser cuidadosas a la hora de seguir el camino de la digitalización, de manera que se planifiquen cambios concretos dirigidos a transformar sus oportunidades de mejora

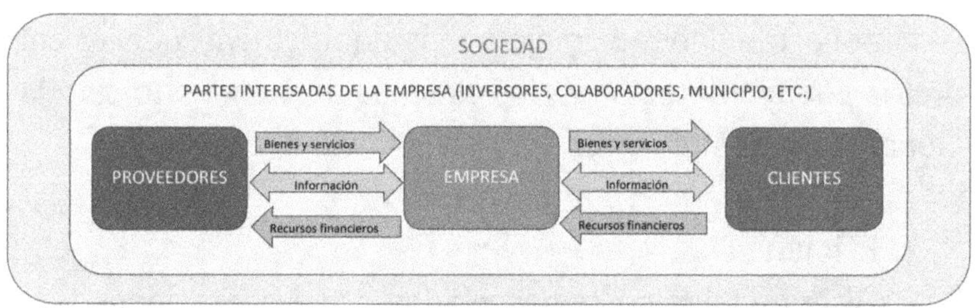

Figura 2. La cadena de suministro, como sistema que engloba todas las operaciones de la empresa e influye incluso en el entorno de esta.

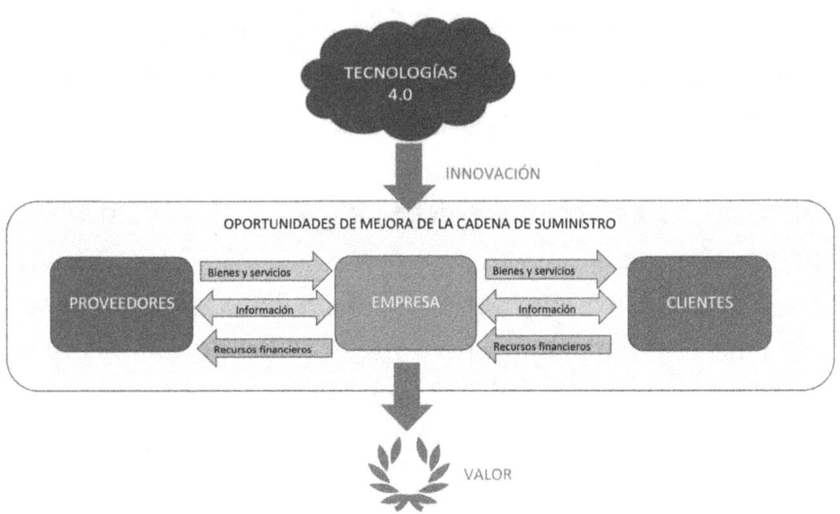

Figura 3. Las tecnologías 4.0 generan valor en el conjunto de la cadena de suministro (e incluso en el entorno de la empresa) a través de la innovación, focalizando los cambios en las oportunidades de mejora.

en valor, planteándose la cuantía del valor a generar, la profundidad del cambio, su coste y el riesgo inherente a dicho cambio, así como las oportunidades paralelas que pueden surgir en forma de sinergias una vez comenzado el proceso de digitalización.

Las oportunidades de mejora más significativas que las empresas pueden detectar en las cadenas de suministro se relacionan con los siguientes ámbitos:

- **Eficiencia**
  Disminuir los costes asociados a las operaciones y los errores de calidad; aumentar la velocidad de diseño, producción y distribución.

- **Adaptabilidad (resiliencia)**
  Dotar a la cadena de suministro de capacidad para recibir el impacto de las fluctuaciones en la demanda o las interrupciones en el suministro, sin perder el control ni sufrir fallos importantes.

- **Agilidad**
  Dotar a la cadena de suministro de capacidad para reaccionar rápidamente ante nuevos escenarios, aprovechar sin demora nuevas oportunidades, y recuperar su funcionamiento normal después de una interrupción debida a algún problema grave.

- **Calidad de la información**
  Alimentar a la cadena de suministro con datos correctos y ajustados a la realidad, de manera que se puedan tomar decisiones operativas y estratégicas acertadas.

- **Alineación de los intereses de la empresa con los de las empresas colaboradoras en la cadena de suministro**
  Alinear todos los elementos de la cadena de suministro, de modo que aumenten las sinergias y la generación de valor mutuo entre la empresa, sus proveedores y sus clientes.

- **Alineación con la estrategia empresarial**
  Transformar la cadena de suministro en la herramienta de ejecución del modelo de negocio, para conseguir los objetivos de la empresa.

- **Generación de valor global (sostenibilidad)**
  Conseguir una cadena de suministro responsable, que minimice el consumo de recursos y la generación de residuos, acorde con los criterios de responsabilidad social empresarial.

Los casos de aplicación de tecnologías 4.0 que se van a tratar en este libro abordan principalmente dos de estas oportunidades de mejora: la eficiencia y la calidad de la información.

Ambas pueden aportar un gran valor a la empresa, a través de la innovación, si bien se deben sumar otros elementos de cambio para lograr extraer el valor de oportunidades de mejora en campos como la adaptabilidad, la agilidad en la toma de decisiones o el modelo de gestión, entre otros. Y estos están más relacionados con el concepto mismo de empresa y su modelo de negocio que con la tecnología.

La última de las oportunidades de mejora referenciadas, la **generación de valor global,** debe estar presente en todo momento, y particularmente cuando se apliquen las tecnologías que se van a analizar en este libro.

La cadena de suministro es un sistema que engloba a toda la empresa e incluye a su entorno, por lo que el valor generado al transformar oportunidades de mejora a través de la innovación puede convertir a la empresa en un agente de cambio positivo para la sociedad en el camino de lograr un mundo sostenible.

1

La cadena de suministro y las tecnologías disruptivas

Eva Hernández Ramos

Hace algunos años, si se le preguntaba a un niño qué quería ser de mayor, fácilmente contestaba con: «Yo... ¡futbolista! o ¡policía!». En los casos más innovadores, la respuesta se vinculaba al fantástico mundo del espacio y la ciencia ficción: «¡Pues yo astronauta!». Con los ojos iluminados por la ilusión.

La estructura social ha dado un giro de 180 grados con la irrupción en el día a día de las tecnologías digitales, las redes sociales y los mundos virtuales. La revolución 4.0 afecta a todas las escalas y parcelas de la sociedad, incidiendo de manera permanente en los modelos de economía, la seguridad social, el empleo, los derechos humanos, la seguridad, la privacidad y la dignidad humana, e incluso en conceptos como el de «persona jurídica». A su vez, trae consigo nuevos retos a resolver como el desempleo tecnológico y el aislamiento cibernético.

Por una parte, se ha pasado de la integración de los mundos *online* y *offline* al desarrollo de contextos integrales en mundos virtuales paralelos. El desarrollo de las tecnologías de la información y la comunicación (TIC) influye con fuerza en el mundo de la enseñanza, y las redes sociales han roto barreras en el *marketing*, dando acceso a todos los colectivos, dando voz y voto a cualquier persona y decidiendo el futuro a corto plazo de un determinado producto. Los *influencers* aparecen en escena.

La era del desarrollo tecnológico exponencial lleva aparejada la «revolución industrial 4.0», y genera las denominadas tecnologías disruptivas, que provocan cambios útiles en la gestión de la cadena de suministro.

Por otro lado, la cadena de suministro actúa como centro neurálgico e integrador de dichas tecnologías disruptivas, como son las formas de inteligencia artificial y la realidad aumentada.

Para reflexionar sobre este tema, se deben considerar tres elementos importantes:

- Las tecnologías disruptivas.
- Los cambios en los modelos de negocio y en los hábitos de consumo.
- Los aspectos legales, jurídicos y éticos que implican los contextos generados por las tecnologías disruptivas.

Este tercer elemento se tratará al revisar diferentes ejemplos de tecnologías y modelos de negocio.

Tecnologías disruptivas

Tecnologías disruptivas son aquellas que desplazan a las tecnologías ya existentes y producen **cambios bruscos** (disrupciones) en la industria o en la sociedad.

Un ejemplo ilustrativo de estas tecnologías lo ponía Tony Seba, autor de *Clean disruption of energy and transportation*, que comparaba en una conferencia dos fotografías tomadas en Nueva York en los años 1900 y 1913.

En la primera fotografía (véase la figura 1.1), tomada en el año 1900, se muestra el área metropolitana de la ciudad en

Figura 1.1. Una calle de Nueva York en 1900.
Casi todos los vehículos son coches de caballos.

la que parece que se aprecian únicamente coches de caballos para el transporte de personas y mercancías. Çconcentrando la atención en ella, es posible apreciar un pequeño y nuevo elemento en el panorama: el vehículo de motor.

Sin embargo, si se observa la segunda fotografía (véase la figura 1.2), tomada trece años después, el panorama es bien

Figura 1.2. Una calle de Nueva York en 1913:
casi todos los vehículos son coches de motor.

distinto. Entre un pesado tráfico de vehículos de motor, se puede observar un solo coche de caballos. Este cambio había ocurrido en un periodo sumamente corto de tiempo.

Una transformación tan drástica como esta ocurrirá en un futuro próximo con la presencia de miles de robots que convivirán con los humanos en todo tipo de entornos. De tal magnitud es el impacto que se prevé con este tipo de tecnología, que la Unión Europea ya ha propuesto seis leyes al respecto.[1] En el panorama de la literatura técnica comienzan a aparecer obras en las que se trata también el tema de la convivencia entre humanos y robots, como por ejemplo el *Manifiesto ciberhumanista*.[2]

Ante la aparición de una tecnología con capacidad para ser disruptiva, el tejido empresarial reacciona fundamentalmente de dos maneras diferentes:

- Intentando esquivar el peligro, ignorando la nueva tecnología, escudándose en un modelo de negocio que siempre ha sido exitoso.
- Intentando aprovechar el potencial de la nueva tecnología para generar nuevos modelos de negocio, y adelantarse a la competencia.

---

[1] Las seis leyes que propone la Unión Europea se pueden ver en este artículo de Eduardo Álvarez en TicBeat : http://www.ticbeat.com/tecnologias/las-6-leyes-de-la-robotica-que-propone-la-union-europea/

[2] Manifiesto Ciberhumanista. Editorial Marge Books. Eva Hernández Ramos y Carlos Hernández Barrueco. Barcelona, 2017.

El tipo de reacción de cada empresa depende de las aspiraciones que tenga y su horizonte en el ciclo de vida de su actividad esencial.

El vehículo de motor fue en su día una tecnología disruptiva para el negocio que giraba en torno a los coches de caballos. La disrupción que provocó hizo que algunos reformaran sus esquemas y modelos, interpretando el escenario como una oportunidad excepcional de crecimiento. En contrapartida, otros intentaron huir del problema, alejándose de la realidad, intentando adaptarse sin un propósito u horizonte fijo, y actuando según las acciones del elemento disruptivo, o incluso fijando su atención en cómo huía del peligro su competencia.

La disrupción que supuso el vehículo de motor fue enormemente positiva, ya que trajo consigo una revolución en el mundo logístico y de transporte de la época, y también produjo nuevas oportunidades de negocio y herramientas generadoras de nuevas fuentes de ingresos. Como contrapartida, provocó el hundimiento, prácticamente generalizado, de la industria relacionada con el transporte con caballos, que quedó desde entonces relegada a algunos nichos de mercado. Solamente aquellas empresas que supieron cambiar a tiempo su modelo de negocio sobrevivieron, e incluso alcanzaron posiciones más ventajosas en su sector.

Un ejemplo muy relevante de compañía que no supo reaccionar adecuadamente ante la aparición de una tecnología disruptiva es el de Kodak. Pese a facturar miles de millones de dólares y contar con una marca comercial presente en todo el mundo, en 2012 entró en concurso de acreedores. Paradójicamente, Kodak inventó la tecnología que finalmente acabó con su liderazgo en el mercado: la fotografía digital. En 1975, uno de sus ingenieros elaboró el primer prototipo de cámara digital, de cuatro kilogramos de peso y prestaciones muy elementales. La compañía rechazó seguir invirtiendo en aquel invento, que nunca llegó a la fase de producción. Su prioridad era concentrar sus esfuerzos en su actividad principal: la venta de películas fotográficas. El testigo lo recogió Fuji, que en 1988 lanzó la primera cámara digital al mercado. A partir de ahí, la fotografía digital creció sin pausa, y Kodak vivió un largo declive sin opciones para restituir su posición en el mercado.

Algunas de las tecnologías disruptivas que forman parte de la revolución industrial 4.0 son:

Impresión 3D

Las impresoras en 3D permitirán ahorrar costes logísticos al poder producir piezas o herramientas en el lugar de destino. Sobre todo, será positiva su aportación en los casos en los que el transporte de determinadas referencias encarezca mucho los procesos logísticos de las empresas. También se vislumbra su utilidad para alargar la vida útil de determinados equipos, ya que los repuestos serán imprimidos bajo demanda, y no dependerán de la producción en serie que, a partir de un determinado ciclo de vida deja de ser rentable.

Asimismo, la impresión 3D permite que muchos productos se puedan personalizar al gusto del consumidor.

> ⚖ Se deberá tener precaución con el respeto a la propiedad intelectual e industrial, así como con las patentes y modelos industriales.
>
> La legislación que salvaguarda estos aspectos deberá adaptarse al nuevo contexto, y los contratos comerciales deberán contener las cláusulas adecuadas.

Vehículos autónomos y eléctricos

Los vehículos autónomos y de propulsión eléctrica se presentan como el futuro en el transporte de mercancías y de personas. También para los movimientos internos dentro de los almacenes de las empresas, en el caso de las carretillas elevadoras autónomas.

> ⚖ Las normas que rigen la circulación de vehículos deberán adaptarse para recoger la modalidad de vehículos no tripulados.
>
> Los vehículos autónomos deberán estar preparados para tomar decisiones de carácter ético en algunas ocasiones (por ejemplo, en el caso de no poder evitar un accidente mayor sin poner en riesgo la vida del ocupante del propio vehículo). Hay que prever estos escenarios de manera que se sepan dirimir las responsabilidades en cada caso.
>
> En el caso particular de los vehículos autónomos aéreos, los drones, la legislación que regula los espacios aéreos puede llegar a limitar significativamente su uso.

Estos vehículos deben estar dotados de dos tecnologías disruptivas:

- **Visión artificial:** para que puedan reconocer el entorno en el que se mueven.
- **Inteligencia artificial:** para que puedan interpretar el entorno en el que se mueven y tomar las decisiones adecuadas en cada momento.

Realidad aumentada

Esta tecnología permite combinar el mundo físico con un entorno virtual, diseñado para facilitar tareas de localización

En entornos industriales, el uso de la realidad aumentada deberá ser correctamente regulado, de manera que el acceso a la información esté bien definido en función de la capacitación de cada persona y las autorizaciones de que disponga para la realización de determinadas tareas. En ese sentido, la normativa sobre seguridad laboral ya cubre estos aspectos, pero quizás sería necesaria alguna puntualización.

En contextos de la vida cotidiana, la realidad aumentada presenta algunas complicaciones en cuanto a protección de la intimidad o la información personal. Las gafas de realidad aumentada, dotadas con el logaritmo adecuado, son capaces de identificar a cualquier persona que se visualice, y suministrar al usuario información de carácter privado acerca de esa persona.

de referencias en almacenes, operaciones de mantenimiento de equipos, etc.

Internet de las cosas

Se trata de la tecnología que facilita la conexión entre objetos de todo tipo e internet. A través de diferentes tipos de sensores, se puede recabar información del mundo físico, que después será utilizada para analizar operaciones, procesos, rendimientos de equipos, etc., y tomar decisiones para mejorarlos.

En el contexto industrial, los fabricantes tendrán que ser más precisos al describir las condiciones de uso de sus equipos, así como los valores de las magnitudes físicas que más podrían influir en su rendimiento, o en la aparición de averías.

Dado que la cantidad de información que está disponible durante el funcionamiento del equipo es mucho mayor y más precisa que antes, las garantías de este tipo de bienes deberán ser revisadas y actualizadas.

En el ámbito doméstico, el reto legal que plantea el internet de las cosas es el almacenamiento y tratamiento de datos personales recogidos por medio de los dispositivos de uso privado, y cuyo registro no realiza su titular, sino un tercero.

Almacenamiento y computación en la nube

La explotación de internet como lugar de almacenamiento casi ilimitado de información, y como unidad de computación

El aspecto crítico de esta tecnología es el de la seguridad de la información. Es necesaria la máxima garantía técnica y legal para evitar el robo de millones de datos de carácter personal o industrial.

Asimismo, los planes de contingencias y de continuidad de negocio de numerosas compañías deberán ser actualizados para incluir los riesgos inherentes a esta tecnología.

con prestaciones a gran escala, ya es algo que muchas compañías realizan como un proceso normalizado.

Inteligencia empresarial

Mediante un conjunto de técnicas analíticas avanzadas (datos masivos) se pueden extraer de la información de la empresa correlaciones entre diferentes factores y variables, y obtener conclusiones útiles para tomar decisiones de negocio.

Estas técnicas se pueden emplear para el entrenamiento de equipos dotados con inteligencia artificial.

El contexto más preocupante de esta tecnología es el del tratamiento de datos de carácter personal y la confección de perfiles personales, que pueden violentar espacios como la intimidad o derechos como la libertad de pensamiento.

Los campos de aplicación de esta tecnología se extienden hasta los contextos humanos. A través de los análisis de datos masivos es posible conocer factores que afectan a las personas que trabajan en las empresas, así como hacer caracterizaciones o perfiles de esas personas, con el fin de tomar decisiones o diseñar programas de desarrollo humano.

Cadena de bloques

Consiste en una base de datos descentralizada, cuya información se encuentra dispersa entre los nodos (ordenadores o servidores) que la conforman. Los datos compartidos no se pueden modificar, y la información se muestra de manera transparente a todos los participantes con la autorización necesaria.

Esta tecnología va a modificar la forma en que se trabaja en numerosos sectores económicos: energía, sanidad, seguros, etc.

Nuevamente, los mayores riesgos de esta tecnología recaen en la seguridad y estabilidad de las redes en las que la información se haya diseminada.

Asimismo, toda una nueva gama de regulaciones deberá ser diseñada para abarcar los nuevos contratos inteligentes y relaciones comerciales, e incluso bancarias, sin mediadores o administradores centralizados.

Cambios en los modelos de negocio
y en los hábitos de consumo

Este segundo elemento no siempre es consecuencia de la aparición de tecnologías disruptivas, pero el capítulo se va a centrar específicamente en este contexto.

Volviendo a visualizar las fotografías de Nueva York, para la generación que vivió dicho cambio tuvo un papel fundamental la «nueva tecnología» desarrollada en aquel momento, pero fue mucho más importante (como catalizador del éxito de esa tecnología) la existencia de un **cambio de mentalidad**, un elemento disruptivo humano, la generación de nuevas expectativas ante la necesidad de adaptarse a una realidad que ya estaba cambiando: la necesidad de transporte más veloz, más eficiente, sencillo y mecanizado.

Ante la aparición de las tecnologías 4.0 y la disrupción que suponen, se debe reflexionar sobre:

- Las TIC, que tienen una función trascendente en la gestión del cambio.
- La necesidad de adaptarse a las transformaciones digitales en la empresa.
- Cambiar la mentalidad y los esquemas con los que se acostumbra a trabajar.

Tan importante es adaptarse al nuevo crecimiento tecnológico y usar la inteligencia artificial y otras tecnologías, como modificar la mentalidad y el modelo de negocio.

La implantación, adaptación y adquisición del factor tecnológico por las compañías, no es ni el papel fundamental ni desde luego el único elemento de la transformación digital.

Se ha producido la caída y quiebra de grandes empresas que facturaban miles de millones de dólares en cada ejercicio contable, y que tuvieron en sus manos los elementos tecnológicos para la adaptación al cambio.

Es necesario reflexionar sobre la modificación de los modelos de negocio antes de realizar transformaciones tecnológicas. Algo que diferencia la actual revolución industrial de las anteriores es el factor de rendimiento exponencial de los nuevos esquemas con la ayuda de las tecnologías digitales. Las evoluciones son similares, pero ahora existen herramientas con mayor poder de transformación.

Como primer paso para el cambio catalizador que debe acontecer en la mayoría de las empresas y sectores, se deberá proceder a realizar cambios en la manera en que desarrollan su actividad.

No conviene afrontar las nuevas necesidades del consumo o satisfacer los nuevos hábitos, exigencias e inmediatez que requiere el mercado sin antes:

- Modificar la forma de hacer negocios.
- Modificar la manera de obtener ingresos.
- Revisar la actividad esencial, las estructuras jerárquicas, las nuevas figuras de delegación o la gestión digital de los recursos humanos.

GoPro, Inc.

Anteriormente llamada Woodman Labs, Inc., se trata de una compañía estadounidense que desarrolla, produce y vende cámaras personales de alta definición, empleadas en grabaciones y toma de fotografías de deportes extremos.

Su negocio central son las cámaras de acción, compactas, ligeras, resistentes, y que pueden colocarse en vehículos, manillares, cascos, muñecas y otros soportes. Estas cámaras capturan fotografías y graban vídeos en alta definición a través de un objetivo de gran angular, consiguiendo planos que no alcanzaban las cámaras convencionales o los teléfonos inteligentes.

En este caso, no se trata de la utilización de una nueva tecnología, sino de la generación de un nuevo modelo de negocio a partir de la tecnología ya existente. Curiosamente, Nicholas Woodman, el fundador de la compañía, utilizó una cámara fotográfica de Kodak fijada a su muñeca con un soporte para crear su primer producto.

A partir de una manera diferente de utilizar una cámara fotográfica nació un nuevo mercado, impulsado asimismo por la tendencia emergente de compartir en las redes sociales las actividades de ocio o deporte realizadas por los usuarios. Millones de deportistas acabaron utilizando sus cámaras GoPro para grabar sus prácticas y logros, ya que les ofrecían posibilidades que sus teléfonos inteligentes no podían.

Sin embargo, los fallos técnicos de sus drones Karma en 2016 hicieron que la compañía perdiera credibilidad y ventas, y que sus acciones se desplomaran. Al mismo tiempo, sus competidores han creado productos alternativos que a veces resultan mejores y de menor precio.

Esta situación que ha vivido GoPro en los últimos años, que podría ser descrita como «muerte por éxito», sirve también como ejemplo de la importancia de la capacidad de adaptación en el escenario cambiante y ambiguo de la nueva economía, en el que todo es efímero y siempre se ha de estar alerta. Lo que hoy funciona, mañana puede ser que no.

Uber

Esta polémica compañía que ofrece servicios de transporte de pasajeros nació en el año 2009 bajo el nombre de Ubercab. Su modelo de negocio, basado en una plataforma que pone en contacto a usuarios que necesitan un servicio de transporte o desplazamiento con conductores que se ofrecen a prestarlo y se publicitan en ella, ha generado grandes controversias por ser considerada por los colectivos de taxis una competencia desleal.

Sin duda, la capacidad de las aplicaciones para teléfonos inteligentes de facilitar el contacto entre usuarios en tiempo real y sin apenas intermediarios es otro de los factores que convierten a estos dispositivos en tecnologías disruptivas, catalizadoras de una parte de la economía colaborativa que se encuentra en numerosos modelos de negocio.

Uber, no obstante, trata de desplazar a la competencia establecida, el sector del taxi, desde un modelo de negocio enmarcado en una actividad económica diferente, el alquiler de vehículos con conductor, sometida a una regulación menor.

La compañía, en su empeño por demostrar que sus servicios son dignos de confianza, dispone de un algoritmo por el que los conductores son valorados por los usuarios, dotando a cada uno de ellos con una puntuación global basada en los servicios que haya prestado. Los conductores con una baja valoración pueden resultar bloqueados en la aplicación.

Para reforzar su modelo de negocio, Uber utiliza una filosofía de adaptación a la realidad local, de modo que según el lugar en el que se encuentre puede ofrecer servicios diferentes. Algunos ejemplos son UberWine (vehículos que en California acompañan a su cliente durante un día de cata de vinos), UberSki (los que permiten a los usuarios de Utah llegar hasta la pista de esquí transportando sus equipos en un remolque), UberChopper (el servicio de transporte con helicópteros), UberPitch (que ofrece a los emprendedores la posibilidad de reservar un viaje junto a un inversor privado en ciudades como Boston o Berlín), entre otros.

Airbnb

Sigue un modelo de *marketplace* en el que a través de su plataforma se ponen en contacto propietarios que ofrecen una vivienda o una habitación con usuarios que necesitan alojamiento vacacional por unos días.

Se trata de una opción alternativa a los hoteles y otros establecimientos de hospedaje, en la que se puede obtener alojamiento a muy buen precio y con una oferta de mayor amplitud en cuanto a localizaciones y prestaciones de los alojamientos.

No obstante, este tipo de modelos de negocio generan un gran vacío legal en cuestión de derechos de las personas consumidoras, entre otras cuestiones que dejan muchos interrogantes.

Airbnb ha generado, además, de forma análoga a Uber, un gran malestar en el sector hostelero, que la considera una compañía que ejerce una competencia desleal.

La regulación del sector y las propias de numerosas actividades profesionales, deben evolucionar y adaptarse a los nuevos contextos que generan las tecnologías disruptivas.

Zara

El gigante español de la moda ha triunfado fundamentalmente gracias a un modelo de negocio que permitía a sus clientes el acceso a los últimos modelos presentados en pasarelas de moda en tiempos muy cortos, y a precios muy asequibles.

Pero además ha sabido extraer el máximo valor de la combinación del mundo físico y el virtual. Zara es uno de los ejemplos que se pueden encontrar de compañías que emplean la presencia *omnicanal:* permite adquirir un producto online y poder probarlo en tienda física e incluso devolverlo.

Es uno de los modelos de las respuestas que dan las compañías a los cambios en los hábitos de consumo de sus clientes, los cuales muchas veces son promovidos por ellas mismas.

Amazon quizá es el mayor exponente del binomio formado por el modelo de negocio y los hábitos de consumo.

La compañía supo combinar de manera excelente el uso de la inteligencia artificial para recomendar productos a sus clientes, con la satisfacción del deseo que estos tenían de inmediatez y simplicidad en las transacciones comerciales en línea. Esto sumado a su enorme presencia en internet, lo que implica un escaparate único para muchos proveedores, le concedió su posición de liderazgo en el comercio electrónico.

Culpada en numerosas ocasiones del cierre de muchos pequeños negocios, Amazon simplemente es un producto del nuevo contexto tecnológico, como lo son las compañías de difusión en continuo *(streaming)* o de alquiler virtual de películas o series.

La evolución futura de los hábitos de consumo dictará el futuro de Amazon, que ya intenta competir con la tendencia emergente de volver a palpar las prendas de vestir y otros productos, de consultar a un especialista sobre la compra de algunos artículos, o simplemente de salir de casa y pasar un rato lejos de la pantalla del ordenador.

2

Impresoras 3D: cambios en el mercado mundial de recambios

Cristina Peña Andrés

Antecedentes

Desde que comenzaran a emplearse impresoras 3D en la década de 1980, especialmente para la creación de prototipos en sectores como el de automoción, mucho se ha hablado del potencial de las distintas tecnologías que han ido surgiendo y con las que este método de fabricación puede revolucionar tanto la forma de diseñar, producir, transportar y distribuir, como la de almacenar multitud de productos.

Por lo tanto, la cadena de suministro es sin duda una gran beneficiaria de los hitos positivos que el desarrollo de esta tecnología ya ha dado, más los que aún puede brindar.

En concreto, el mercado de los repuestos es el gran objetivo para la aplicación directa de la impresión 3D a nivel industrial. Ya se han obtenido algunos resultados relevantes, que se tratarán más adelante en este capítulo.

La impresión en 3D

La impresión 3D es la producción tridimensional de una pieza mediante el aporte de un material en sucesivas capas superpuestas, utilizando diferentes métodos, para obtener la forma final.

Una impresora 3D crea piezas o maquetas con volumen a partir de diseños hechos con ordenador o utilizando los datos generados por un escáner 3D.

Para realizar diseños se emplean **programas de diseño asistido por ordenador**, comúnmente denominados por sus iniciales en inglés CAD *(computer aided design)*. Algunos de los programas más utilizados son Autocad, Catia o SolidWorks, pero existen muchos más. La ventaja de estas herramientas es cómo ayudan no solo en la creación de los diseños de manera más eficiente, sino en su modificación y optimización, gracias a que facilitan el análisis y la trazabilidad documental.

Un **escáner 3D** es un dispositivo que analiza el objeto a reproducir, y es capaz de reconstruir un modelo digital tridimensional del mismo, reuniendo información de su geometría mediante el cálculo de las distancias entre diferentes puntos. Las dimensiones pueden medirse por medio de un láser (en función del tiempo de vuelo, o tiempo que tarda el haz de láser en llegar a la superficie del objeto y regresar al escáner) o utilizando una combinación de proyección de luz y visión artificial. Se deben tomar muchas muestras en direcciones diferentes y extrapolar los datos obtenidos, para así poder reconstruir los objetos en tres dimensiones.

Técnicas de impresión 3D

Con impresoras 3D se pueden fabricar tanto productos como componentes o accesorios, empleando distintos materiales de aporte, como plásticos, siliconas o metales.

Existen fundamentalmente tres tipos de técnicas diferentes de impresión en 3D:

- **Compactación**: una masa de polvo se añade por estratos, alternando cada uno de ellos con el paso del cabezal de impresión, que fija o solidifica dicho material con distintos métodos, según el patrón de diseño establecido, hasta formar la pieza final.

  - **Inyección de aglutinante**. Consiste en la pulverización de un aglutinante líquido sobre un lecho de polvo, que se solidifica en sección transversal (véase la figura 2.1).

    Los materiales que se pueden compactar de esta manera son yeso, celulosa, arena, cerámica y plástico.

    Es la única técnica que permite impresiones a todo color, ya que el aglutinante puede tener cualquier coloración.

    Las impresoras son llamadas **«impresoras 3D de tinta».**

    Las piezas resultantes se suelen someter a procesos secundarios para dotarlas de la resistencia necesaria (por ejemplo, infiltración a base de cianocrilato o

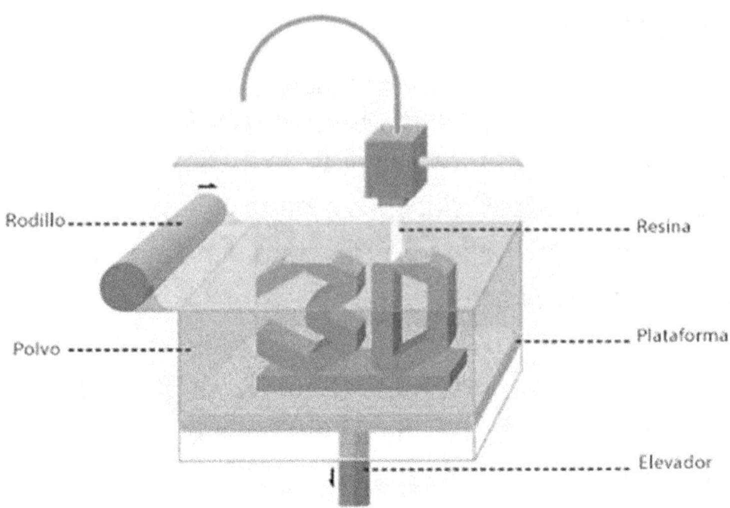

Figura 2.1. Esquema de funcionamiento de la técnica de inyección de aglutinante.

epoxi para el yeso, o de un material elastómero para la celulosa, de manera que se obtengan piezas flexibles).

- **Sinterizado selectivo por láser (SLS).** En esta técnica se parte de una capa de material en polvo a una temperatura algo inferior a la de fusión, sobre la que actúa un láser que incide solamente en los puntos requeridos por el diseño de la pieza, provocando que las partículas seleccionadas se unan entre sí, pero sin llegar nunca a fundir totalmente el material. Capa a capa, se va produciendo el objeto deseado (véase la figura 2.2).

  Las impresoras que utilizan esta técnica son conocidas como **«impresoras 3D de láser»**.

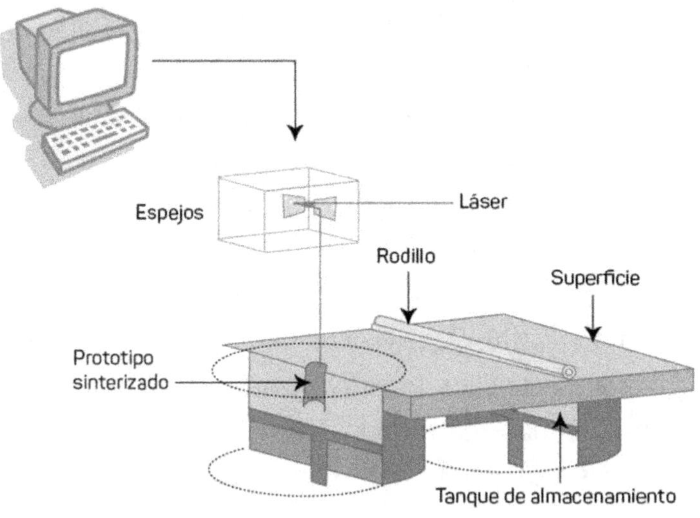

*Figura 2.2. Esquema de funcionamiento de la técnica
de sinterizado selectivo por láser.*

Los materiales con los que se puede imprimir son muy variados:

- **Metales:** aluminio, titanio, acero, aleaciones. La técnica específica para metales se conoce como **sinterizado directo de metal por láser (DMLS).**
- **Plásticos:** poliamidas, alumide (combinación de poliamidas y aluminio), polipropileno.
- **Cerámicos.**

En todas las técnicas de sinterizado, las partículas del material con el que se produce el objeto deseado no se llegan a fundir totalmente, por lo que se necesitan tratamientos térmicos posteriores para alcanzar las propiedades mecánicas requeridas.

Asimismo, la superficie resultante es rugosa, por lo que si se requiere una mayor lisura es necesario aplicar tratamientos superficiales, como el que se muestra en la figura 2.3.

- **Sinterizado selectivo por calor (SHS).** Técnica análoga al sinterizado selectivo por láser, en la que finas capas de material termoplástico se funden en los lugares necesarios por la aplicación de calor con un cabezal.

- **Fusión por haz de electrones (EBM).** Técnica similar al sinterizado selectivo por láser, pero que utiliza un

Figura 2.3. Tratamiento superficial con láser en una pieza fabricada con técnicas de impresión 3D por sinterizado.

haz de electrones como fuente de calor, que funde totalmente las partículas de polvo metálico.

Solo es aplicable en materiales conductores de la electricidad.

- **Estereolitrografía (SLA)**

  Es una técnica en la que una resina líquida fotosensible es curada con haces de luz ultravioleta que barren su superficie, de acuerdo con el modelo 3D digital que se haya suministrado, solidificándola con la forma deseada (véase la figura 2.4).

  Es necesario un proceso posterior de limpieza de la resina no polimcrizada, además de una operación de ter-

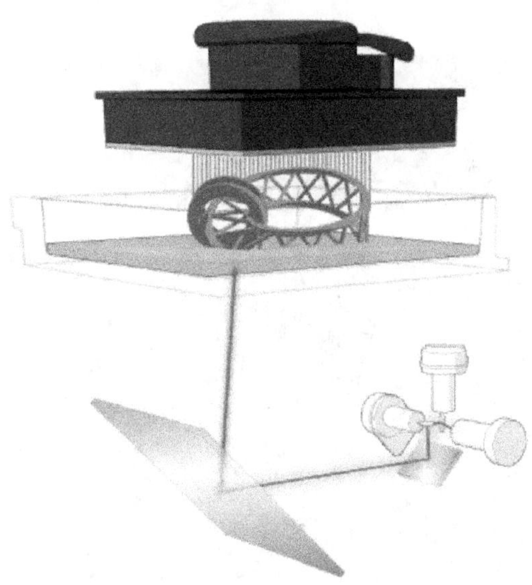

Figura 2.4. Esquema de funcionamiento de la técnica de estereolitografía.

minado de la fotopolimerización, para alcanzar las propiedades mecánicas deseadas.

- **Modelado por deposición fundida (MDF)**

Es un proceso de fabricación utilizado para la elaboración de prototipos y producciones a pequeña escala, que consiste en que un filamento plástico almacenado en rollos se introduce por una boquilla, que funde el material al pasar por ella debido a que su temperatura es superior al punto de fusión del material de aporte, tal como se muestra en la figura 2.5.

La pieza es construida con finos hilos del material que solidifican inmediatamente después de salir de la boquilla y se van acumulando, construyendo capas superpuestas.

Figura 2.5. Ejemplo de impresión 3D por deposición de material fundido.

Los plásticos que se pueden utilizar con esta técnica son muy variados: acrilonitrilo butadieno estireno (ABS), ácido poliláctico (PLA), acrilonitrilo estireno acrilato (ASA), tereftalato de polietileno (PET), policarbonato (PC), fibra de carbono, materiales flexibles, materiales híbridos (que pueden incluir madera, corcho, cemento, arena, etc.).

Hay algunos modelos de impresoras que pueden trabajar con materiales metálicos, utilizando hilos híbridos en los que se mezcla el metal deseado con otros materiales que puedan ser fundidos por el cabezal de la impresora, y realizando un tratamiento posterior en un horno para eliminar los componentes no metálicos y que la pieza adquiera las propiedades mecánicas adecuadas.

Aplicaciones de la impresión en 3D

Existen múltiples aplicaciones de la impresión en 3D que aportan valor en numerosos sectores de actividad. Entre ellos, cabe destacar:

- **Medicina**
  Uno de los grandes logros en la mejora del estado de bienestar mundial ha sido la reducción del coste de las prótesis por medio de su fabricación por impresión en 3D. Esto ha permitido el acceso a las mismas por parte de familias o países con pocos recursos económicos, y ha supuesto una mejora en la calidad de vida de multitud de personas.

Además, ya se ha producido algún medicamento con esta tecnología, y se están realizando trasplantes de tejidos similares a los humanos, producidos por impresión.

Por último, se está trabajando en la obtención de órganos completos y funcionales, que en un futuro próximo serán una realidad.

- **Arquitectura**

  La impresión 3D permite la elaboración de maquetas fieles al edificio a representar, que ya no dependen de la habilidad manual de su creador.

  Desde programas como Sketchup, 3D Studio o Solid-Works, se puede exportar el diseño a un formato imprimible, con la ventaja de que el programa de la impresora 3D permite hacer modificaciones en la edición, y actividades como escalar o dividir diseños.

  Con la impresión en 3D se pueden fabricar modelos reales a escala que en algunas ocasiones permiten visualizar y validar los proyectos de forma más sencilla y económica que mediante visitas virtuales como las que se pueden realizar con otras herramientas de diseño, como los programas BIM.[1]

---

[1] Los programas BIM *(building information modeling)* parten de bibliotecas de objetos parametrizados, de los que se puede analizar su forma de interaccionar al ser combinados en un diseño. Este tipo de programas tienen un coste elevado, pero se emplean por arquitectos en todo el mundo ya que permiten incluir la información que llega de distintas compañías de ingeniería y construcción, e integrar todos los diseños con sus especificaciones, permitiendo que se puedan tomar decisiones globales más acertadas.

- **Joyería**

  Diseños de gran complejidad que solo podían ser obras de grandes orfebres, ahora pueden ser creados de una manera más económica.

- **Calzado**

  Modelos personalizados de una gran diversidad de colores y diseños pueden llegar al cliente final bajo pedido, de manera que la oferta existente se amplía tanto como se desee, sin limitarse solo a las tendencias del momento, a la previsión de ventas o a un plan de producción rígido. Se puede ver un ejemplo en la figura 2.6.

- **Automoción**

  Los usos de la impresión 3D en automoción son múltiples. Se ha empleado para hacer maquetas a escala de

Figura 2.6. Zapatillas New Balance fabricadas por impresión 3D (sinterizado selectivo por láser).

algunos componentes de los vehículos, tales como válvulas, pero ha sido en el sector del recambio donde se ha concentrado su aplicabilidad.

Tanto si lo que se desea es reparar modelos clásicos, de los que ya no se fabrican algunas de sus piezas, como abaratar costes de fabricación de piezas de bajo consumo que se producen en lotes pequeños, los fabricantes de automóviles están centrando el objetivo en aquellas piezas que son poco visibles, y que además no son elementos de seguridad.

Este conjunto de aplicaciones se ha podido desarrollar gracias a que la impresión 3D tiene como punto de partida la existencia de soluciones de programación libre que permiten crear los modelos 3D, aunque también haya versiones de pago. Los hay muy intuitivos como SketchUp, y otros más completos que para la mayoría de los usos son tan versátiles como las soluciones comerciales, tales como FreeCAD o Blender.

La revolución en el mercado de los repuestos

En agosto de 2017 Mercedes-Benz Trucks presentó su primer recambio de metal fabricado con una impresora 3D: una cubierta de termostato para sus camiones modelo Unimog (véase la figura 2.7).

Todos los ensayos de calidad se habían realizado con éxito, por lo que en ese momento Mercedes-Benz Trucks celebró cierto liderazgo tecnológico en procesos de impresión 3D de piezas metálicas. Su éxito radicaba en la aseguración de la misma funcionalidad, durabilidad, fiabilidad y rentabilidad en estos recambios que en los fabricados de manera convencional.

Mercedes-Benz se lanzó a conseguir este nuevo hito, seguramente basándose en los buenos resultados de la implantación el año anterior de la fabricación de recambios de piezas de plástico en impresión 3D, para pequeños lotes de producción.

Fue una noticia sorprendente y muy positiva, ya que tras el uso extendido de impresoras 3D para la fabricación de fundas para teléfonos, así como multitud de otros produc-

Figura 2.7. Repuestos fabricados por Mercedes Benz por impresión 3D.

tos de plástico, llegaron las aplicaciones para automoción. Así, este sector y toda la industria relacionada con él han encontrado en la impresión 3D la posibilidad de imprimir piezas durante muchos más años que los que la producción en serie permite con la rentabilidad necesaria, y por tanto ha alargado el ciclo de vida del producto original, al facilitar la posibilidad de producir recambios que tienen consumo escaso a un coste asumible. Estos nunca hubieran sido rentables con una producción convencional, una vez la demanda de reposición hubiera caído, o el equipo hubiera sido descatalogado, o decididamente eliminado de los planes de fabricación.

En esa fecha Volvo Trucks ya había producido más de treinta herramientas diferentes con impresión 3D, incluidos soportes, abrazaderas ligeras de gran duración, o plantillas. Es decir, la impresión ha permitido producir no solo piezas, sino los propios útiles para la fabricación.

El hecho de que algunas piezas metálicas hayan podido ser imprimidas en 3D ha supuesto un conjunto amplio de beneficios para la industria y su cadena de suministro.

Es cierto que en 2013 las impresoras en 3D para metal ya existían, pero podían llegar a costar medio millón de dólares. Fue entonces cuando, desde la Universidad de Michigan, se comenzaron a fabricar impresoras de bajo coste por J. Pearce y su equipo, quienes conformaron con esta tecnología algunas piezas como martillos.

El plano de detalle de la impresora y el programa de J. Pearce eran gratuitos y de código abierto, de manera que estaban a disposición de ser usados por todo el mundo: cualquiera podía descargarse el programa y los planos, y fabricarse una impresora por un importe asumible.

Sin embargo la impresora tenía ciertas carencias, reconocidas por su propio equipo creador. La principal dificultad era que la impresora usaba un pequeño soldador de metal y gas inerte (MIG) que, mediante un sistema de microcontrol, disponía una fina capa de metal sobre otra para crear objetos complejos. El problema era que se requerían ciertas medidas de seguridad, conocimientos de soldadura y un lugar específico con unas determinadas características, como protecciones antiincendio, para ubicar la impresora.

En definitiva, desde la noticia de Mercedes-Benz Trucks, la impresión de piezas de metal en 3D es una realidad para la industria de los recambios.

Nuevos escenarios para el sector de los recambios

A priori, parece que se abren dos futuros escenarios potenciales en el sector de los recambios:

- El uso de impresión 3D como un método para la **producción de recambios** y repuestos, alternativo al tradicional método de producción en masa.

    Habría que hacer un análisis para decidir para qué recambios y en qué casos podría ser interesante la producción con impresión 3D:

- Recambios implicados en averías o emergencias.
- Ciertas piezas complejas que con impresora 3D podrían resultar más económicas.
- Piezas en las que, por su composición interna, un proceso de fabricación como el mecanizado no hubiera sido viable hasta el momento.
- Pequeños lotes de piezas, en casos en los que el almacén regulador o centro de distribución se halle lejos, y por tanto los envíos sean muy lentos y costosos.
- Pequeños lotes de piezas para un uso específico o en un proyecto concreto, no necesariamente repetible y, por tanto, de escasa demanda.
- Piezas que no constituyan elementos de seguridad de las máquinas.

- La impresión de los repuestos necesarios **en las instalaciones de los propios clientes**, utilizando simplemente los planos facilitados por los proveedores. Esto podría proporcionar una serie de ahorros económicos, o una reducción de los tiempos de fabricación y tránsito, o podría incluso ser promovido o forzado por algunos gobiernos, si existiesen medidas medioambientales o de sostenibilidad en la línea de minimizar los movimientos globales, por ejemplo, con el objetivo de reducir la huella de carbono.

  Sería necesario recurrir a la firma de acuerdos con los proveedores para proteger su propiedad intelectual y su marca, o pagarles por disponer de una licencia temporal de fabricación para un número máximo de piezas, o quizá abonarles un canon por pieza imprimida puesta a disposición en el mercado.

Otra posibilidad que podría darse sería la de imprimir piezas en remoto desde el ordenador del diseñador, sin que los planos pasen por su cliente.

En cualquier caso, el respeto de la autoría de los planos, de las patentes, etc., debe ir implícito en las relaciones profesionales entre compañías para su sostenibilidad futura, porque es fácil hacerse con una pieza original y, utilizando un escáner 3D, obtener un modelo digital equivalente. Una empresa se podría apropiar rápidamente de un diseño ajeno disponiendo de esa única pieza, que podría ser legalmente comprada.

Por tanto, deberán ser negociadas desde el inicio un conjunto de reglas y concesiones con los proveedores, asegurando los pagos por los *royalties* y por la recepción del diseño digital.

Finalmente, los proveedores de recambios podrían llegar a plantearse que su negocio está más centrado en la ingeniería de producto que en la propia fabricación, que puede no solo estar deslocalizada, sino totalmente particularizada.

Algunas de las conclusiones que permiten estos escenarios son:

- La filosofía económica actual de producción en masa podría cambiar de manera global con la utilización de la impresión 3D. Sin embargo no hay que olvidar que, debido a que el coste unitario por impresión es prácticamente fijo, independiente de la cantidad de unidades, no será viable fabricar aquellas referencias para las que el factor de economía de escala sea significativo.

- Parece que la impresión en 3D está destinada a convertirse en un método de producción alternativo, complementario al tradicional, y no a sustituirlo en todos los casos para convertirse en exclusivo.
- Existirán dilemas empresariales como los que se plantean con la externalización de otros procesos productivos («hacer o comprar»), y la decisión de elegir entre imprimir en 3D o fabricar irá ligada a la mejora que genere el proceso de impresión en 3D en cada caso concreto, sea un ahorro de costes vinculado a una mejora de productividad o una reducción del tiempo de fabricación y entrega, mejorando el servicio al cliente; o simplemente porque permita la posibilidad de tener una oferta amplia y personalizada.

Beneficios de la impresión de recambios en 3D

Los principales beneficios que podrán obtenerse de la impresión de recambios en 3D son:

- **Tasas de servicio altas**, porque en caso de emergencia o necesidad se puede dar prioridad a un cliente e imprimir en el día, sin generar costes asociados al cambio de planificación de la producción, o a una producción puntual, aparte del coste de oportunidad.

- Localización de la producción cerca de su lugar de consumo, ensamblaje o puesta a disposición para un cliente final.

- Producciones rentables desde la primera unidad. Si es rentable la primera, lo serán las demás.

- **Largos ciclos de vida** para el producto terminado, porque se puede garantizar un repuesto de manera indefinida. Habrá por parte del fabricante un aseguramiento bien de existencias de piezas, bien de la disponibilidad para fabricar repuestos por impresión en 3D, para productos de poca demanda, o incluso descatalogados.

  Es importante no perder de vista que, dependiendo de la edad del equipo, una actualización puede resultar, en ciertos casos, mucho más rentable que su remplazo por uno nuevo, por lo que conviene siempre consultar al proveedor.

- **Adaptación de los productos**, puesto que los costes de los productos seriados y de los personalizados serían muy equivalentes en muchos casos. La impresión 3D no se ve afectada por tiempos de cambio de útiles o paradas de máquina cada vez que hay un cambio de referencia a fabricar, como sí sucede en la fabricación tradicional.

- **Reducción de inventarios** en los almacenes, con el consecuente beneficio de unos menores costes por activos, satisfaciendo la demanda en tiempo y forma.

- Alineamiento de la oferta y la demanda, generando un **equilibro entre lo que se fabrica y lo que se vende.**

Esto permitiría un balance claro de objetivos en la empresa, y se favorecería una filosofía de producción *Lean.*[2]

- Capacitación para fabricar productos específicos, con mucha complejidad, que con procesos productivos estándar nunca habrían sido rentables.

Desafíos de la impresión en 3D

Hay grandes desafíos aún por afrontar en la impresión 3D, aunque algunos pueden ser el origen de nuevas oportunidades.

Los mayores obstáculos para la impresión en 3D en metal son:

- La metalurgia tradicional requiere procesos térmicos a alta temperatura, posteriores al conformado de las piezas, para obtener las propiedades mecánicas correctas. La impresión 3D sustituye parcialmente al proceso de conformado, pero necesita después un tratamiento térmico de mayor complejidad, ya que se debe conseguir primero que el polvo metálico utilizado se convierta en una estructura sólida, para luego lograr las propiedades mecánicas deseadas.

- La resistencia mecánica y otras características técnicas conseguidas en las piezas imprimidas no siempre son las

---

[2] *Lean manufacturing* es una metodología de producción que tiene por objetivo entregar al cliente el máximo valor utilizando para ello los mínimos recursos.

idóneas, por lo que la impresión en 3D en algunos casos puede ser excelente para la producción de maquetas o prototipos, pero no para la elaboración de piezas que vayan a ser partes integrantes de una máquina. Por este motivo, de momento se establece el objetivo de producir solo accesorios no ligados a la seguridad de la máquina.

Estos obstáculos, en relación con la impresión 3D en general son los siguientes:

- Aunque una sola impresora convencional pueda imprimir gran cantidad de objetos diferentes, el sector se está concentrando en impresoras específicas, que no permiten tanta variabilidad. Por tanto, la capacidad de amortizar la tecnología de impresión en 3D en un emplazamiento en el que se quieran fabricar piezas muy variadas es bastante limitada, ya que se requerirán diferentes tipos de impresoras y la inversión a amortizar será mayor. Aunque afortunadamente los costes de las impresoras en 3D tienden a bajar, aún no son precios tan económicos como para que su uso se extienda de manera generalizada, como ya ha sucedido por ejemplo con los teléfonos inteligentes o internet.

- Un gran desafío actual es el tiempo de impresión, proporcional al tamaño y la complejidad del objeto. Por ello, gestionar la planificación de la producción será un gran reto, y llevará implícita la introducción de cambios importantes como el aprovechamiento de tiempos tradicionalmente no productivos (horario nocturno o en fines de semana), así como el tiempo de almacenaje o el tiempo de tránsito para la entrega al cliente.

- Si el proveedor propietario de los planos no desea ponerlos en manos de sus clientes, sino que quiere ser él mismo el que entregue el producto ya fabricado por impresora en 3D, una alternativa es la impresión en movimiento, es decir, ser capaz de aprovechar los tránsitos para imprimir. Por ejemplo, mediante:

  - Furgonetas de mantenimiento que puedan imprimir las piezas necesarias durante el trayecto al emplazamiento para un mantenimiento correctivo o preventivo; o imprimirlas una vez allí, según las conclusiones del análisis de la máquina.
  - Camiones o barcos convertidos en centros manufactureros en los que se fabrique mediante impresión 3D.

  Esto permitiría que no fuese necesario almacenar en origen, reduciendo el espacio de almacén necesario, y que el tiempo de entrega se redujera al de la propia entrega física en el destino.

Para terminar, un gran desafío que siempre va ligado a las nuevas tecnologías es el de la reconversión de los puestos de trabajo que dejarán de emplearse. Este es uno de los principales retos que se deben afrontar.

3
El vehículo autónomo y eléctrico

Javier Martínez García

El transporte

El transporte, el ir y venir de elementos físicos, está presente allí donde hay actividad humana. Ha sido a lo largo de la historia un factor clave en el desarrollo de las civilizaciones, y ha supuesto la ventaja decisiva en numerosas batallas.

El transporte es un complejo árbol de especialidades que son objeto de continuos estudios en busca de la reducción de costes y el incremento de la eficacia. Su importancia en la cadena de suministro pocas veces es cuestionada, hasta tal punto que algunas de sus facetas suponen hoy día la clave y el porvenir de compañías de tamaño planetario. La denominada «logística de última milla» ha recibido una especial atención por parte del sector del comercio por internet.

Estas empresas aspiran a complementar el factor impulsivo de las compras en línea con la satisfacción de salir con el producto bajo el brazo, propia del comercio tradicional. Para ello, se enfrentan al reto de entregar mercancías en tiempo récord a clientes localizados en una maraña de avenidas, calles y urbanizaciones, donde incluso transportarse a uno mismo (para ir al trabajo, por ejemplo) es de todo menos inmediato.

Por otro lado, el transporte de grandes cargas sigue siendo una actividad crítica para el desarrollo económico de los países. La evolución de las grandes vías terrestres, marítimas y aéreas es continua, pero aún existe un gran margen para la mejora en este campo y las diferentes zonas geográficas del mundo compiten por tener infraestructuras de transporte que atraigan inversiones económicas.

Asimismo, quedan por resolver algunos aspectos que merman la eficacia del transporte de larga distancia, como la velocidad alcanzable por los vehículos utilizados o los factores limitantes inherentes a los trabajadores humanos que los conducen.

El vehículo autónomo

Existen diferentes aproximaciones para solucionar el problema que representa la «logística de última milla», que van desde los ciclomotores hasta las bicicletas de tres y cuatro ruedas asistidas eléctricamente y con aspecto de mini-camiones. Es posible que un descoordinado pelotón de ciclistas pueda abrirse paso a codazos hasta el domicilio de cada comprador para entregar sus paquetes, pero es innegable que el sector tiende a la automatización, por lo que el componente humano solo formará parte de la solución de manera temporal.

Si en lugar de hacer referencia a los vehículos se analizan las infraestructuras, ya a finales de 1800 existía el tubo de vacío, y desde entonces se ha aplicado para todo tipo de propósitos, llegando incluso a transportar pequeñas piezas de aeronaves entre los edificios de la NASA. Sin embargo, parece poco probable que en las ciudades se caven zanjas en las calles para colocar tubos y bombas en cada puerta y ventana.

El vehículo autónomo representa la solución de menor coste, tanto de funcionamiento como de implantación: un ejército de pequeños robots-caja que vayan directamente del almacén al portal de cada uno, organizando su viaje para no interferir con ninguna otra entrega.

También para el transporte de grandes cargas los vehículos autónomos se presentan como una buena alternativa, ya que permitirán la reducción de costes y el aumento de la eficacia en la mayoría de los casos.

No obstante, la presencia de los vehículos autónomos no pasa de ser anecdótica o experimental, a pesar de que se repite una y otra vez que la tecnología está ya lista. La causa es que convertir el vehículo autónomo en una realidad fiable es una cuestión de gran dificultad, ya que supone lograr que las máquinas puedan desenvolverse sin errores en contextos que implican problemas tan complejos y amplios que es complicado deducir si la solución que aportan es la mejor, e incluso se llega a escenarios en los que un mismo resultado no es replicable aun con condiciones idénticas, dada la enorme cantidad de variables puestas en juego.

La naturaleza de este tipo de problemas es algo que se puede imaginar fácilmente: se puede encuestar a varias personas acerca de cómo fabricarían una silla; cada una daría una solución y todas ellas, en principio, generarían una silla. Todas las alternativas serían válidas, pero cabría preguntar: ¿todas son óptimas? ¿Qué es lo óptimo?

Hay diversas estrategias para crear una máquina que intente resolver estos problemas: desde la generación de estructuras al azar que después son probadas en entornos simulados, a complejos sistemas iterativos basados en los mecanismos de la herencia genética, que tratan de mimetizar el proceso evolutivo descrito por Darwin. En cualquier caso, no se puede comprobar si se trata de un resultado óptimo o simplemente un punto estadístico más, favorecido por la buena suerte.

De la enorme complejidad de los problemas a los que tiene que enfrentarse el ser humano surge la magia del ingenio. De alguna manera, algunos individuos pueden analizar y sintetizar cuanto les rodea para generar una respuesta excepcional: una solución que armoniza las leyes de la naturaleza y la voluntad humana. Esa capacidad de abstracción existe en el interior de lo que se considera el objeto más misterioso del universo: el cerebro humano. El conocimiento limitado que de él se tiene también se extiende a las soluciones que proporciona y a los métodos que para ello emplea.

Es posible que el término «inteligencia artificial» tenga muchos más años que la habilidad para el manejo controlado de la electricidad. Desde que el ser humano tuvo consciencia de sí mismo se sabe que ha existido una gran fascinación por los mecanismos del pensamiento. El progreso tecnológico ha permitido llevar a cabo los experimentos más abstractos que se puedan describir, y que han resuelto algunas de las dudas, pero que simultáneamente han generado preguntas nuevas y han acrecentado la sensación de estar ante algo inabarcable.

La incapacidad para replicar los procesos del pensamiento ha dado lugar a que la expresión «inteligencia artificial», en sus múltiples acepciones, haya experimentado constantes altibajos en su valoración a lo largo del tiempo, indicativos de la estimación de la magnitud del problema y de la capacidad para resolverlo en cada momento histórico.

Acerca de todo lo anterior se debe pensar al evaluar el vehículo autónomo. En definitiva, su desarrollo está ligado al progreso de las máquinas inteligentes. Si los coches no existieran y se inventaran ahora, serían todos autónomos desde el primer momento. ¿Por qué? Porque no estarían obligados a resolver problemas tan exigentes.

Se puede imaginar que se dispone de una red de carreteras que se extiende por todo el planeta, recién construidas a la medida del vehículo que se estrena hoy (primer día con vehículos sobre la Tierra): sería un problema finito y conocido, como el de organizar la disposición de la maquinaria en una fábrica, su número y su flujo de material. Se conocería todo: se tendría la posición de todos los vehículos, su dirección de origen y su destino, sus ocupantes, su autonomía y combustible, etc. Se dispondría de toda la información que describiera el sistema, se conocería su manera de comportarse y se tendría el control absoluto de la ejecución de todos los programas. Sería, en definitiva, un sistema llave en mano.

Sin embargo, ese mundo sólo ha existido durante el breve tiempo que el lector ha tardado en leer el párrafo anterior. El mundo real resulta de su historia y por ello, entre otras cosas, no están disponibles los vehículos autónomos. Porque el primer vehículo fue orgánico y mucho más inteligente que las máquinas actuales, pero hubo que abandonarlo y evolucionar hacia otros que pudieran soportar la carga logística del mundo moderno (cosa que queda fuera del objetivo evolutivo de las especies animales existentes). Hubo que mecanizar el transporte, inventar máquinas que permitieran convertir energía de un tipo en otro, establecer toda una red de distribución de esa energía, etc. No se trataba de una época preparada para afrontar problemas abstractos como transferir nuestra capacidad de conducir a una máquina. El término conductor siempre ha estado asociado al ser humano. Al menos hasta ahora, cuando la palabra automatización trata de colarse en todos los aspectos de la vida, incluida la conducción.

En realidad, el primer vehículo «autónomo» tuvo su origen en la necesidad industrial de incrementar la productividad, y consistía en un dispositivo similar a un vehículo filoguiado.[1] El tiempo pasó y la industria siguió automatizándose con robots fijos y controladores electrónicos. Los vehículos también evolucionaron, pero no tanto en «inteligencia» como en otras capacidades: propulsión eléctrica y métodos de control. Durante este periodo la industria fue automatizando una a una todas

---

[1] También conocido como AGV, siglas de *automated guided vehicle* o «vehículo de guiado automático». Se trata de un vehículo que es capaz de captar el campo magnético emitido por un hilo empotrado en la superficie por la que circula, y seguir su recorrido.

las operaciones en las que era factible hacerlo, incrementándose continuamente la complejidad alcanzada, hasta el momento actual. Los problemas de automatización de hoy en día son bastante más complicados, y se mantienen sin solución a pesar de la sobreabundancia de capacidad tecnológica que existe.

Del vehículo autónomo, la parte más compleja es la interpretación de los datos procedentes del entorno que captan los sensores. Es decir, la relacionada con la «inteligencia artificial».

Los sensores de a bordo en un vehículo autónomo son de lo más variado (véase la figura 3.1): desde una simple cámara de red hasta sensores de radar, telémetros láser y micrófonos. Fabricar un vehículo capaz de mantenerse en un carril y tomar desvíos en condiciones ideales es relativamente fácil hoy en día. Utilizando una simple cámara en el salpicadero y un ordenador portátil, y con unos conocimientos mínimos de la programación requerida, un reducido equipo de técnicos lo

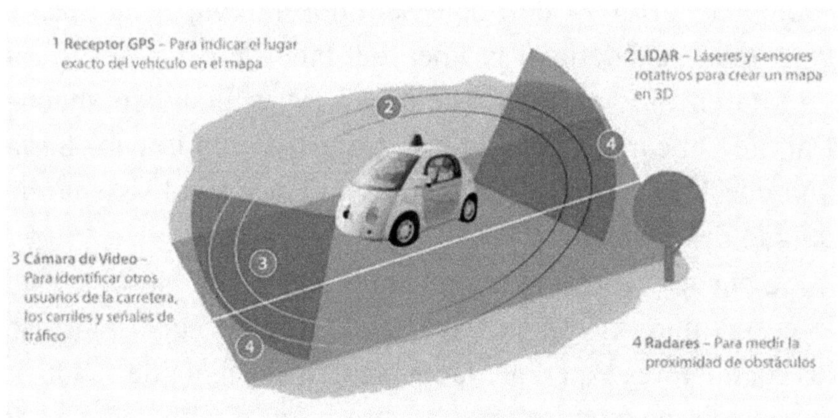

Figura 3.1. Algunos de los sensores que debe llevar el coche autónomo.

podrían diseñar en algunas semanas. Solo deberían procurar que el vehículo reconociera las líneas de los carriles en la imagen captada por la cámara, y que mantuviera una distancia intermedia entre una y otra.

El problema es que ese vehículo solo funcionaría correctamente en condiciones ideales: una carretera bien pintada, con trazado definido y en buen estado, con poco tráfico, sin reflejos hacia la cámara, sin sombras ni otras imperfecciones en el pavimento. En definitiva, el vehículo no ofrecería un resultado correcto ante todo aquello con lo que nos hemos encontrado a lo largo de nuestra vida como conductores.

Si en las mismas condiciones ideales anteriores se quisiera resolver que la línea de la carretera pueda no ser continua, sería un problema mínimo: se podrían detectar los segmentos según aparecen y tratarlos como si la línea fuera continua a efectos de los cálculos. De hecho, el vehículo debería saber interpretar correctamente la línea izquierda de cualquier carretera de doble sentido, autovía o autopista. Pero ¿qué sucedería si la línea del lado derecho se hiciera intermitente de manera repentina? ¿El vehículo se encontraría en el carril izquierdo o se trataría de un desvío? Sería una cuestión sobre la que tendría que decidir el sistema de guiado del vehículo.

Se puede plantear ahora que hubiera mucha lluvia, tráfico intenso y una vía con un trazado con muchas curvas. Incluso los conductores experimentados sienten el peligro de conducir en esta situación y les resulta estresante. ¿Cómo debería ser un sistema de conducción autónoma al que se le pudieran dejar los mandos en ese momento con la convicción de poder sentirse seguro?

En la resolución de esta clase de situaciones de conducción real se están empleando cientos de miles de horas de trabajo y toda clase de aproximaciones desde el punto de vista de la computación. Entre todas ellas destaca el campo de las redes neuronales, un tipo de aprendizaje-máquina en el que los campos de clasificación semántica y el aprendizaje de extremo a extremo son los métodos que proporcionan los resultados más prometedores.

Una red neuronal es un modelo computacional formado por un conjunto de nodos (neuronas artificiales) interconectados, que se comportan como una simplificación matemática del cerebro humano. Tiene la capacidad de resolver problemas en los que es complicado determinar qué datos son relevantes y cuáles no.

Una peculiaridad de estos sistemas es que no son programados de la manera tradicional, sino que deben ser enseñados. En una programación estándar se establecen una serie de condiciones y saltos en el flujo de la ejecución, y todas las operaciones están estudiadas y han sido concebidas con un fin. En las redes neuronales, estas condiciones y relaciones se generan de manera estadística mediante un proceso de aprendizaje automático.

Por ejemplo, para la detección de las líneas de la carretera se puede tratar de buscar manchas blancas y determinar su posición para calcular el centro de la carretera, y la posición del vehículo respecto a esa posición central.

Todo esto hecho con una estructura condicional[2] deriva en un sistema muy rígido: un pequeño cambio de iluminación o un reflejo harán que las manchas blancas cambien rápidamente de posición y forma, y con ellas el centro de la calzada, que se utiliza como referencia para el movimiento del volante. Esto quiere decir que al salir de una zona de penumbra o al pasar por debajo de un puente existiría un riesgo de que se produjera una maniobra brusca en el vehículo, que comprometería su seguridad.

Por lo tanto, es imprescindible la capacidad de adaptación de una red neuronal, a la que se debe enseñar qué elementos del entorno son relevantes y cuáles no para tomar decisiones durante la conducción del vehículo autónomo. Esto se puede hacer mediante la grabación de vídeos de circulación y su posterior análisis, clasificando los diferentes elementos que aparecen en función de su frecuencia y su significado en relación con la conducción. Después la red neuronal trata de encontrar dichos elementos en otro vídeo similar, o en condiciones reales, y se analiza su capacidad de reacción y las respuestas que da.

De esta manera, mediante un entrenamiento de la red neuronal con muchas horas de análisis de los datos captados por los sensores (no sólo con vídeos), los elementos asociados con la conducción se transforman en filtros y po-

---

[2] Estructura de programación en la que se compara una variable con otro valor, variable o constante, y según el resultado de la comparación, se realiza una acción u otra.

siciones de píxeles ordenados, que quedan almacenados en una memoria.

Existe una aproximación mucho más interesante al problema, y es el aprendizaje de extremo a extremo. Este subcampo del aprendizaje máquina consiste en relacionar directamente la entrada de datos con la salida de actuadores mediante la red neuronal. De tal manera que no se enseña a la máquina a detectar elementos de la carretera que le permitan decidir después de forma estructurada, sino que se le enseña directamente la relación entre la entrada de los sensores y la posición del volante, por ejemplo.

Se ha desarrollado un experimento de este tipo por Nvidia[3] y el resultado ha sido un sistema no solo capaz de conducir por una vía convencional, sino competente para guiar un vehículo en entornos que carecen de las referencias habituales de la carretera, como aparcamientos y vías sin pavimentar.

Es interesante aclarar en este punto que los métodos de aprendizaje máquina por red neuronal no son comprensibles para el ser humano: al final del entrenamiento, lo que se obtiene es un conjunto enorme de datos que determinan relaciones entre los elementos de entrada y salida, pero no se extrae conocimiento alguno en cuanto a lo que la máquina ha aprendido. Es decir, se puede observar que la máquina sabe cosas, pero es muy difícil discernir qué es lo que significan o si son siquiera útiles para la finalidad que se desea.

---

[3] Véase el artículo original en http://bit.ly/2brzbkT

Así pues, la principal dificultad de estos métodos es su entrenamiento y evaluación en funcionamiento, cuando se deben responder las siguientes cuestiones:

- Cuál es el material adecuado para enseñar al algoritmo. Si en el vídeo hay más curvas hacia la derecha que hacia la izquierda, ¿supondrá esto un déficit a la hora de afrontar la conducción real?

- Cuándo el algoritmo sabe suficiente y cuándo se ha fijado en exceso o en defecto en determinadas señales de entrada. Un vehículo con un entrenamiento basado en un vídeo de mil horas de duración sabe algo menos que otro entrenado con un vídeo de diez mil horas, pero ¿cuánto menos? Si se probaran ambos en la carretera, resultarían indistinguibles durante la mayor parte de su vida útil. Solo bajo ciertas circunstancias uno reaccionará correctamente y el otro mostrará un comportamiento erróneo.

- Cuándo el algoritmo llega a conclusiones erróneas. Es tan grande la cantidad de variables de entrada en el sistema y existen tantas posibles situaciones que, si se añade el desconocimiento de lo que ocurre en el interior de la red neuronal, obliga a hacer la pregunta: ¿cómo se puede detectar que el entrenamiento está dando lugar a respuestas erróneas bajo ciertas condiciones? La única solución es evaluar el sistema en todas las situaciones posibles, que es una tarea inabarcable.

Todo lo anterior constituye el motivo por el cual al vehículo autónomo aún le faltan algunos años de desarrollo. Sin embargo, esto no quiere decir que no existan soluciones parciales que, si bien no hacen que sea completamente autónomo, dotan al vehículo de mayor capacidad de autogestión. Algunos ejemplos son los sistemas de mantenimiento de carril o la conducción autónoma en autopista en buenas condiciones.

En 2014, SAE International publicó un sistema de clasificación de los vehículos según su grado de autonomía. Este sistema consiste en una escala discreta del 0 al 5, donde el 0 corresponde a un vehículo completamente manual y el 5 implica que el volante sea algo totalmente opcional.[4]

El vehículo eléctrico

Paralelo al desarrollo del vehículo autónomo transcurre el estudio de la propulsión eléctrica. Hay muchas alternativas para dotar a un vehículo de un motor eléctrico. Las más conocidas se basan en la química del hidrógeno[5] o en el uso de baterías.

Hay una razón fundamental para que se asocie el vehículo autónomo con la impulsión eléctrica: se trata de obtener una

---

[4] La escala completa se puede ver en este enlace: http://bit.ly/1NQdh6F

[5] El hidrógeno (H_2) se oxida con oxígeno, y los electrones que pierde en el proceso constituyen la corriente eléctrica que mueve el motor el vehículo. El subproducto que se genera es vapor de agua (H_2O), que además puede utilizarse para mover una microturbina y generar más electricidad.

mejora en la eficiencia del transporte también a nivel ambiental, reduciendo de manera significativa la emisión de gases de combustión y el consumo masivo de petróleo.

Sin embargo, el motor eléctrico aún no ha superado el mayor escollo que se presenta en su camino: el coste económico.

Los sistemas de propulsión actuales, basados en los combustibles fósiles, han sido estudiados en profundidad y cuentan con una infraestructura enorme para abastecerlos.

El transporte por carretera supone un gran esfuerzo energético; implica una parte significativa del consumo total de energía de un país y supone también un porcentaje elevado del total del petróleo consumido. La impulsión eléctrica supone un coste de transporte más elevado, que se traduce en un mayor precio final de los productos.

Asimismo, una transición masiva de los vehículos de transporte hacia la propulsión eléctrica podría suponer una sobrecarga de las infraestructuras de abastecimiento y podría derivar en un incremento de los precios de la electricidad.

Además, cabe plantear también si existiría realmente el beneficio ecológico, dado que la mayor parte de la electricidad se genera en centrales nucleares y de ciclo combinado.[6] Hay estudios que afirman que ni la red eléctrica sufriría una sobrecarga ni el coste ambiental en CO_2 de la generación de la

---

[6] Existen varios estudios al respecto para ambos problemas, y puede leerse sobre ello un muy buen resumen en este enlace al blog Wait But Why?: http://bit.ly/2uLc3bg.

    Cadena de suministro 4.0.

electricidad necesaria sería tan grande como el que producen los motores de combustión.

De manera análoga a lo que sucede con el vehículo eléctrico, el principal punto débil de muchos aparatos electrónicos es la batería. Pero la debilidad no está relacionada con el comentario que en general suele hacer el usuario medio de, por ejemplo, un teléfono inteligente: «la batería no tiene suficiente potencia». Las baterías actuales tienen una respuesta en términos de potencia más que aceptable para los requisitos de gran cantidad de aplicaciones. De hecho, si solo se evaluara su capacidad para suministrar una determinada potencia, existirían aviones eléctricos desde hace años.

Una batería es un dispositivo análogo a un depósito de combustible (véase la figura 3.2), un lugar donde almacenar la energía. Cuando se dice que algo falla en las baterías se está hablando, en realidad, de una variable que relaciona la cantidad de energía que pueden acumular con su volumen: la densidad energética.

En este sentido, la densidad energética de una batería de litio es casi cien veces menor que la del diésel.[7] Esto quiere decir que, para dos motores con la misma eficiencia energética, un pequeño depósito de 200 kg de diésel para el motor de combustión tendría como equivalente una batería de litio de 20 t para el motor eléctrico. Si esta batería fuera instalada en

---

[7] En este enlace http://bit.ly/2jZPolB se representa una tabla con la densidad energética, en relación con la masa y con el volumen, de varios tipos de combustibles.

Figura 3.2. Esquema de la batería de un coche eléctrico.

un camión con una capacidad máxima de carga de 32 t, una vez restado su propio peso y el de la batería, quedaría una capacidad de carga del 10 %, algo completamente inoperativo. La única alternativa para tener una mayor capacidad de carga es reducir el tamaño de la batería, lo que resulta en una autonomía muy limitada para el camión.

No obstante, la energía eléctrica se transforma en energía cinética (movimiento) con una eficiencia mucho mayor que la que permite un motor de combustión interna (tanto si es un motor híbrido o asistido de cualquier tipo). Un motor de explosión convencional puede alcanzar una eficiencia energética de aproximadamente el 30 %, lo que quiere decir que por cada litro de combustible que se consume solo se aprovecha la energía de la cantidad que cabría en una lata de cerveza. El resto se disipa en forma de gases recombinados, calor y ruido. Por mucho que se esfuerce cualquier fabricante en aumentar el rendimiento, los motores térmicos están constreñidos por una barrera termodinámica que limita su eficiencia energética a un valor muy por debajo del que puede ser alcanzado por un motor eléctrico.

El mecanismo de propulsión de un vehículo eléctrico es sencillo: la energía sale de la batería, pasa por un sistema de gestión y entra en el motor eléctrico, donde se transforma en un campo magnético pulsante que induce el movimiento de la transmisión. La eficiencia energética total del conjunto puede ser superior al 80 %.

Reformulando brevemente el cálculo inicial que se hizo para asimilar 200 l de diésel a una batería de litio, teniendo en cuenta la naturaleza del propulsor y su rendimiento limitado: un tanque de 200 l de diésel equivale ahora a una batería de litio de 7.500 kg. La batería habría reducido su tamaño en más de un 60 % con respecto a la anterior, y permitiría intentar diseñar un camión eléctrico de mayor capacidad operativa.

Se podrían implementar mejoras adicionales en el tren de rodadura, ya que un motor eléctrico es más compacto y se puede instalar más cerca de la tracción. Asimismo, se podría mejorar también la aerodinámica y dar mayor continuidad al vehículo, o cubrir los bajos con chapas ya que se necesitaría mucha menos refrigeración. Incluso se podría emplear una distribución de pesos más uniforme, y eliminar cajas de cambios y árboles de transmisión pesados.

Todas estas mejoras constituyen precisamente las líneas de trabajo de las compañías que están desarrollando los camiones eléctricos.

Hacia finales de 2017, la empresa de baterías y vehículos eléctricos Tesla anunció su modelo completamente eléctrico, el Tesla Semi. Un vehículo que emplea a fondo la tecnología de electrónica de potencia, baterías y aerodinámica para crear una opción realmente competitiva frente a los vehículos de transporte convencionales. Tanto es así que varios centenares de unidades de este modelo han sido ya reservadas por parte de empresas como PepsiCo, UPS o Wal-Mart.

Si se complementa este modelo de propulsión eléctrica con una capacidad real de conducción autónoma, el resultado puede ser el primer vehículo de transporte de nueva generación.

Son numerosos los programas que se han ido desarrollando, a todos los niveles y de forma global, para modificar la manera en la que se transportan las cargas y el consumo de energía que conlleva. El futuro tecnológico es sin duda vibrante, aunque nunca hay que perder de vista que un sector como el del transporte se fundamenta en la eficiencia económica de su actividad, y que cualquier cambio que perdure lo hará porque permita mejorar ese aspecto económico.

El vehículo autónomo y el vehículo eléctrico son conceptos ideados hace años, en un plano tanto técnico como conceptual, pero solo ahora su nivel de desarrollo, promovido por el estado de la tecnología, permite vislumbrar que la generación actual tendrá el privilegio de asistir, en un futuro no distante, a su materialización.

4
La realidad aumentada irrumpe en la industria 4.0

Javier Campos Lleó

En el año 1997 Ronald Azuma, uno de los investigadores pioneros de la realidad aumentada, la definía de la siguiente manera:

> «La realidad aumentada (RA) es una variante de los entornos virtuales (VE), o realidad virtual (VR) como es más comúnmente conocida. Las tecnologías de entornos virtuales sumergen completamente al usuario dentro de un entorno sintético. Mientras está sumergido, el usuario no puede ver el mundo real que le rodea. Por el contrario, la realidad aumentada permite al usuario ver el mundo real, con objetos virtuales superpuestos o combinados con él. Por lo tanto, la realidad aumentada complementa a la realidad más que reemplazarla completamente».[1]

---

[1] Azuma, Ronald T. A Survey of Augmented Reality. Presence: Teleoperators and Virtual Environments 6, 4 (August 1997). Se puede consultar el documento en internet: https://www.cs.unc.edu/~azuma/ARpresence.pdf

En el mismo documento en el que aparece esta definición, Azuma describe también cuáles deben ser los elementos que componen un sistema de realidad aumentada:

- Debe combinar el mundo real y el virtual, añadiendo elementos sintéticos (imágenes, objetos 3D, sonidos, texto) superpuestos al mundo real.
- Debe ser interactivo en tiempo real, es decir los objetos superpuestos al mundo real deben poder ser manipulados por el usuario (mediante periféricos externos, gestos o voz).
- Los objetos sintéticos deben estar anclados en el mundo real de una forma absolutamente precisa, haciendo indistinguible un objeto real de su avatar virtual (para ello se emplean marcadores, sistemas de geolocalización o escaneo espacial del entorno).

Pese a que la realidad aumentada existe desde hace décadas, estas tres condiciones no se han podido satisfacer hasta hace muy poco. Los retos tecnológicos que planteaban eran fabulosos, y exigían dispositivos capaces de visualizar elementos 3D en alta resolución, algoritmos de inteligencia artificial aplicados al procesado de imagen para detectar el entorno, sistemas de posicionamiento extremadamente precisos, librerías de reconocimiento gestual y dispositivos de *hardware* suficientemente ligeros como para ser portables y autosuficientes.

La evolución y confluencia de las tecnologías antes mencionadas (y las fuertes inversiones asociadas a ellas, valoradas en

3.000 millones de dólares en 2017) permiten ahora disponer de dispositivos de realidad aumentada realmente fiables, precisos y capaces de satisfacer las necesidades propias de la industria 4.0.

En el ámbito industrial son muchas las áreas donde la aplicación de la realidad aumentada supone una mejora sustancial en los procesos.

Diseño

En la fase de diseño, esta tecnología permite representar modelos tridimensionales y visualizarlos mediante gafas de realidad aumentada o dispositivos móviles para obtener una simulación espacial del equipo. Así es posible simplificar y acelerar la planificación y el desarrollo de instalaciones y productos, permitiendo la detección temprana de errores y la eliminación de prototipos físicos.

En la figura 4.1 se puede ver este tipo de uso de la realidad aumentada, para visualizar un equipo.

Información geolocalizada

Mediante gafas de realidad aumentada se superponen en el entorno real informaciones y metadatos provenientes de los sistemas de automatización y control, sensores locales o conectados vía internet de las cosas, y datos procedentes de los diversos silos de información de la empresa.

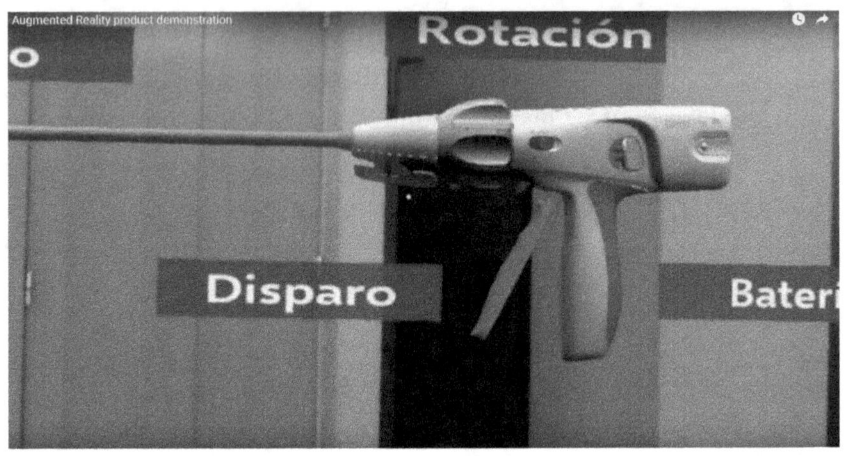

*Figura 4.1. Imagen desde las gafas de realidad aumentada del holograma
de un equipo industrial mostrando sus características (Aumenta Solutions).*

La información se visualiza solo en el área que sea necesaria, empleando sistemas de geolocalización (haciendo uso de triangulación mediante *wifi* o *beacons*)[2] o sistemas de escaneado espacial (técnicas de mapeo espacial o de mapeo y localización simultáneos). El dispositivo será capaz de reconocer el lugar que ocupa dentro de la instalación y mostrar los datos que previamente se hayan asignado para esa posición.

Esta forma de visualización facilita la obtención de diferentes capas de información, adaptadas para cada nivel de

[2] *Beacon* es un pequeño dispositivo basado en tecnología Bluetooth de bajo consumo, que emite una señal que identifica de forma única a cada dispositivo. Esta señal puede ser recibida e interpretada por otros dispositivos, conociendo además la distancia a la que se encuentran del primero, por lo que son utilizados para facilitar la localización exacta dentro de un entorno cerrado.

responsabilidad y mejora los tiempos de respuesta frente a cualquier eventualidad.

Esta aplicación permite, por ejemplo, a especialistas de distintas áreas de la empresa visualizar información útil en los entornos en los que deben trabajar: a qué instalación pertenece un determinado cable eléctrico, qué fluido circula por una tubería, cuál es la temperatura o la presión de funcionamiento óptimo de un determinado equipo, instrucciones de operación de una instalación, etc.

Asistencia remota

Una de las innovaciones que ofrece la tecnología de realidad aumentada es la posibilidad de conectar en tiempo real a expertos que se encuentran en una instalación con técnicos de campo que trabajan en otra diferente, para colaborar en una tarea. Ambos usuarios tienen la capacidad de visualizar el mismo escenario y compartir su punto de vista a través de la cámara que se monta directamente encima de la línea de visión, y manipular su contenido agregando anotaciones u hologramas tridimensionales que aparecen encajados en objetos del mundo real en el campo de visión del técnico. Se puede además añadir audio, capturas de pantalla, imágenes o videos del proceso de reparación, y documentación textual para disponer de toda la información necesaria para la realización de la tarea.

En la figura 4.2 se puede observar un ejemplo de este tipo de aplicación.

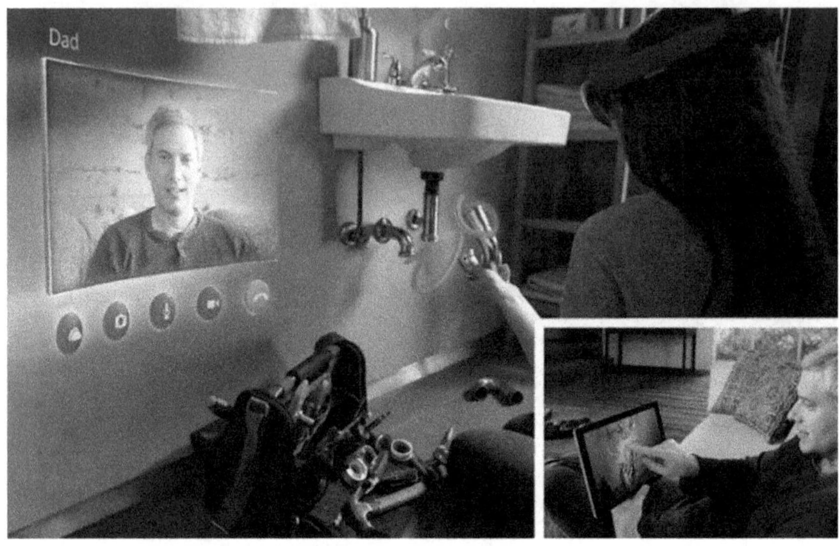

Figura 4.2: Tarea colaborativa mediante realidad aumentada (Microsoft).

Procesos de aprendizaje: formación aumentada

Las instrucciones o procedimientos de trabajo que hasta ahora se documentaban en papel se visualizan en realidad aumentada como elementos 3D superpuestos a los objetos reales, mostrando cómo efectuar paso a paso las tareas de una forma totalmente intuitiva y guiada.

Los objetos 3D muestran mediante animaciones cómo efectuar, por ejemplo, el ensamblaje de un elemento mecánico o la instalación de cableado eléctrico de una forma mucho más eficaz y segura, minimizando los tiempos de aprendizaje y, en definitiva, ahorrando costes especialmente en entornos complejos.

Figura 4.3. Secuencia de montaje paso a paso de un mediante gafas de realidad aumentada. El modelo 3D se superpone al modelo real (Aumenta Solutions).

En la figura 4.3 se puede ver un ejemplo de una imagen que forma parte de una secuencia de montaje.

Simuladores

También es posible la creación de simuladores holográficos de máquinas, robots u otros elementos mecánicos que permitan una manipulación mediante elementos de control reales o virtuales (guantes hápticos, mandos de videojuegos, etc.). La ventaja de emplear la realidad aumentada para este proceso es que el elemento 3D simulado se ancla en el escenari exactamente en la posición y con el mismo tamaño que ocuparía el

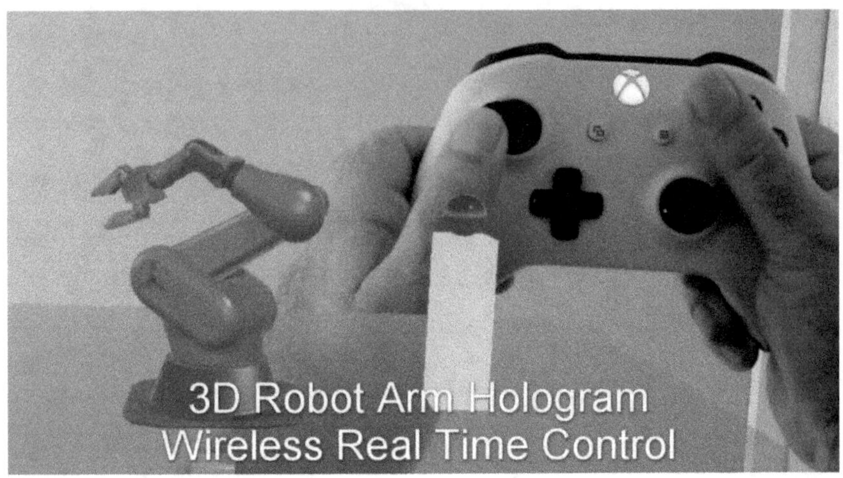

Figura 4.4. Modelo 3D de brazo robótico articulado controlado remotamente desde un GamePad (Aumenta Solutions).

elemento real, permitiendo una simulación exacta del modelo físico y de sus movimientos.

En la figura 4.4 se puede ver cómo se manipularía un brazo robótico virtual con un mando de videojuego.

5
Gestión de la información 4.0

ALBERTO TUNDIDOR DÍAZ

Este capítulo se centra en algunas tecnologías que tienen como objetivo la gestión de la información de la cadena de suministro. Es decir, herramientas que forman parte del núcleo del proceso de digitalización:

- Herramientas de trabajo colaborativo en red.
- Programas de gestión de procesos.
- Alojamientos en red de alta seguridad.
- Herramientas de datos masivos e inteligencia de negocio.
- Cadena de bloques.
- Internet de las cosas.

La figura 5.1 muestra el esquema de funcionamiento de una cadena de suministro digitalizada, que incorpora las tecnologías que se acaban de mencionar.

A continuación, se describe el beneficio que aporta cada una de las tecnologías a la cadena de suministro.

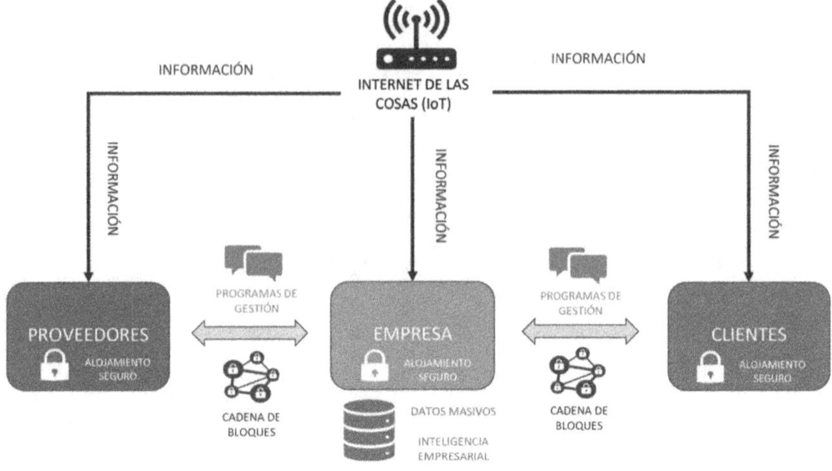

Figura 5.1. Funcionamiento de la cadena de suministro digitalizada.

Generación de información: internet de las cosas

El internet de las cosas es una tecnología que, de estar implantada en la totalidad de la cadena de suministro, hará que el volumen de información disponible para su operación se multiplique varias veces.

Esta información, tratada de la forma adecuada, enriquecerá notablemente la gestión de la empresa y facilitará la toma de decisiones estratégicas y operativas.

Su funcionamiento es bastante simple, si bien su aplicación real requiere tiempo e inversión económica.

Como muestra la figura 5.2, el fundamento del internet de las cosas es dotar a máquinas, equipos, vehículos, etc., de diferentes tipos de sensores que captan una determinada infor-

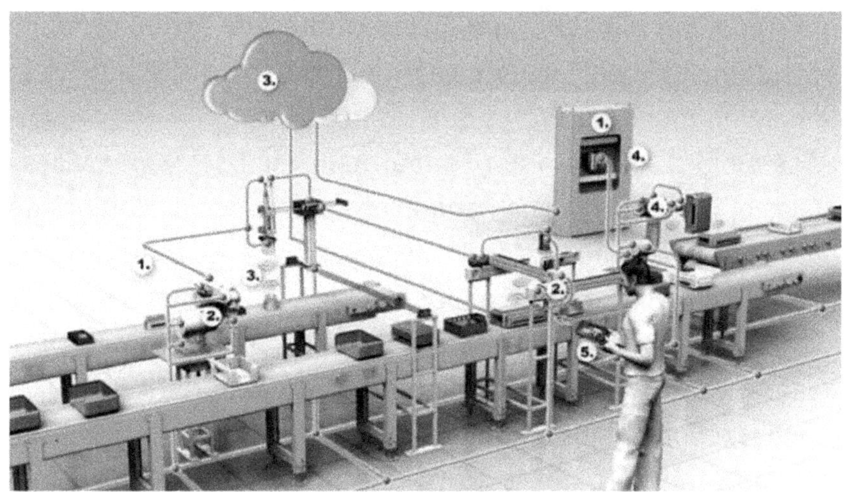

Figura 5.2. El internet de las cosas en la industria.

mación (el valor de una magnitud física, la señal de una avería, movimientos o vibraciones, etc.), y la transmiten a través de internet a aquellos dispositivos en los que sea necesaria dicha **información** para tomar alguna acción al respecto, o bien a un centro de información (almacén de datos) donde quedará almacenada en la base de datos que le corresponda.

Gracias al internet de las cosas, para las cadenas de suministro de las empresas se abre la posibilidad de establecer un **control remoto** de algunas de sus operaciones. Ante la llegada de una determinada información, se puede enviar una señal que desencadene una actuación concreta en un equipo.

Recibir información en tiempo real proveniente de los equipos de trabajo, vehículos de transporte, almacenes, etc., tanto en el interior de la instalación de la empresa como en la de sus proveedores y clientes, hará que la empresa tenga una cadena de suministro con un potencial de toma de decisiones y de actuación mucho mayores que los actuales.

La mejora se hará notar en múltiples espacios y áreas: desde las operaciones de mantenimiento preventivo de equipos de producción y vehículos de transporte, hasta el control automático de inventarios en almacenes, la verificación de operaciones de preparación de pedidos, o las condiciones de estiba de las mercancías en los camiones o contenedores (tensión de cinchas, condiciones ambientales, etc.).

La información que se puede captar y transmitir puede ser de cualquier tipo, y las aplicaciones son innumerables. Hasta tal punto, que la empresa digitalizada podría descubrir modelos de negocio completamente nuevos basados en la nueva información disponible.

Los clientes podrían tener en sus dispositivos móviles **información en tiempo real** de la situación de sus pedidos, o de la ejecución de las operaciones de producción que pudieran afectarles.

Asimismo, la empresa podría conocer mucho más de cerca cómo es la experiencia de sus clientes con sus productos y servicios, o los problemas y dificultades a los que se enfrentan sus proveedores para ofrecerle el mejor servicio.

La inversión económica necesaria para la implantación del internet de las cosas en la cadena de suministro se verá compensada por la reducción de los costes debidos a la ineficacia de los procesos, a los problemas de calidad o a episodios de interrupción de servicio por diversas causas.

Algunos ejemplos[1] de grandes compañías que están empleando esta tecnología son:

- **Thyssenkrupp:** está utilizando el internet de las cosas (Microsoft IoT Azure Suite) para tener información en tiempo real de los ascensores que tiene instalados en miles de edificios. Esto le da una ventaja diferencial a la hora de atender averías, y le ha supuesto un ahorro considerable en los costes generados por el plan de mantenimiento preventivo que ofrece a sus clientes.

- **Rolls-Royce:** utiliza el internet de las cosas para mejorar el rendimiento y minimizar los costes de mantenimiento de los más de 13.000 motores de aviones comerciales que tiene en el mundo.

- **Rockwell Automation:** ha instalado dispositivos de internet de las cosas en miles de equipos de minería, transporte y refinado de gas y petróleo, de forma que tenga una valiosa información acerca de su rendimiento, averías, etc.

Hay muchos otros ejemplos, como Fedex[2] (lleva varios años utilizando su sistema SenseAware para hacer un mejor

[1] Fuente: web de Microsoft: https://www.microsoft.com/es-es/internet-of-things/customer-stories
[2] Se puede ver toda la información respecto a SenseAware en: https://www.senseaware.com/

seguimiento de los envíos de sus clientes, sobre todo aquellos que deben estar controlados en cuanto a temperatura, etc.), Fitness First (utiliza internet de las cosas para ofrecer a sus clientes una experiencia personalizada), Virgin (sus aviones están equipados con sensores que monitorizan miles de variables en cada vuelo), Black and Decker (con fábricas equipadas con internet de las cosas para mejorar el rendimiento de producción), etc.

Almacenamiento de información

Los **ciberataques** son un problema cada vez más preocupante para todas las empresas. A medida que crece el volumen de información disponible, aumenta el riesgo de sufrir un ataque externo para robar, o destruir, dicha información.

En una cadena de suministro digitalizada, la seguridad de la información debe ser una de las máximas prioridades a analizar.

En el campo del almacenamiento de la información, y teniendo en cuenta los riesgos comentados, siguen siendo dos las alternativas principales que existen:

- Trabajar con servidores propios.
- Contratar un espacio de almacenamiento externo.

Si la empresa no quiere emprender la operación compleja y costosa de hacerse con servidores propios, puede optar por contratar externamente servidores dedicados (servidores de terceros que ponen a disposición de la empresa toda su capacidad, sin compartirla con otros clientes), o simplemente un espacio de almacenamiento de datos en un servicio en la nube.

Los servicios de almacenamiento de datos en la nube ya están disponibles desde hace años, y algunos de ellos son tan populares (por ejemplo, Dropbox, Google Drive, Mega y One-Drive) que los utilizan millones de personas para guardar de forma segura sus documentos, imágenes, etc. Generalmente, estos mismos servicios disponen de opciones más completas y con mayores prestaciones para cubrir las necesidades de las empresas.

La **seguridad** de estos servicios mejora continuamente, evolucionando siempre en vanguardia de las técnicas disponibles, y tratando de ir por delante de los potenciales ataques. Las técnicas de cifrado de archivos y contraseñas son de uso común.

Aun así, otra de las disciplinas que ha aumentado exponencialmente su influencia es la ciberseguridad. Hay un desarrollo que discurre en paralelo, entre la potencia tecnológica de los piratas informáticos (*hackers*), y la de los especialistas en protección y defensa contra ciberataques (muchas veces llamados *hackers* éticos).

Muchas empresas, ante el riesgo de sufrir ataques y robos de información, recurren a la implantación de proyectos de ciberseguridad adaptados a sus necesidades específicas. La figura 5.3 muestra un centro de almacenamiento de datos de alta seguridad que Facebook construyó en el norte de Suecia.

Figura 5.3. centro de datos de Facebook en Lulea (Suecia).

Utilización de la información digital para incrementar el rendimiento de los equipos de trabajo y los procesos

La época en la que las empresas eran organizaciones divididas en compartimentos estancos que apenas se comunicaban entre sí ha llegado a su fin.

La empresa del siglo XXI requiere de una estrecha colaboración entre las diferentes áreas que la componen. De lo contrario, no será capaz de llegar a los niveles de eficacia necesarios para sobrevivir en un mercado en continuo cambio, y con una competencia cada vez mayor.

La estimación de la demanda, la optimización de inventarios, el equilibrio entre procesos productivos y comerciales, la innovación, son actividades que necesitan que todas las partes de la empresa trabajen de manera coordinada, compartiendo la misma información, y elaborándola en conjunto en tiempo real.

Una cadena de suministro ágil y eficiente debe contar con todos los miembros de la empresa permanentemente en contacto, compartiendo información y conscientes de lo que ocurre en cada eslabón. La empresa digitalizada se comportará como un organismo complejo que capta estímulos del mundo exterior y los analiza para encontrar la reacción más adecuada, e incluso para adelantarse a los fenómenos que le pueden afectar.

La información en formato digital facilita enormemente esta colaboración, pero hace falta disponer de la infraestructura adecuada para la comunicación instantánea entre los miembros de diferentes áreas, que además ofrezca la posibilidad de compartir archivos y trabajar simultáneamente en documentos, imágenes, presentaciones, etc.

Hay aplicaciones en la nube que permiten coordinar un proyecto en el que participan diferentes personas, de forma que siempre es conocido por todos los participantes el punto exacto de la planificación en el que se encuentran, las tareas que cada miembro del equipo tiene asignadas, las que se están desarrollando en un momento determinado; y están disponibles todos los documentos necesarios.

Hay herramientas multiuso, y las hay especializadas en un determinado tipo de trabajo.

Algunos ejemplos de estas herramientas son:[3]

- **Multiuso:**
  Podio. Dispone de módulos para gestionar flujos de trabajo, foros de discusión temáticos, seguimiento de tiempos, facturación, etc.

- **Flujos de trabajo:**
  Asana. Además de lo anterior, dispone de aplicación de mensajería instantánea, tableros Kanban, etc.

- **Mensajería instantánea para equipos de trabajo:**
  Slack. Es la aplicación más popular en los últimos años. Utiliza inteligencia artificial para destacar los mensajes más importantes, en función de la dinámica de uso de cada persona.

- **Gestión de proyectos:**
  Liquid Planner. Para proyectos de envergadura media o grande.
  Zoho Projects. Para equipos más pequeños. Es una solución más económica.

La oferta de este tipo de herramientas es muy amplia, y cualquier empresa puede encontrar la que más se adapte a sus necesidades reales.

---

[3] Selección de PC Magazine, «The Best Online Collaboration Software of 2018», 24/01/2018 - https://www.pcmag.com/article2/0,2817,2489110,00.asp

Existen programas muy potentes de gestión de la relación con los clientes (CRM, según sus siglas en inglés), que también utilizan las últimas tecnologías en tratamiento y análisis de datos. Una de las soluciones más populares es Salesforce.

Hay un tipo de programas que ya llevan años implantados en muchas empresas: los sistemas de planificación de recursos empresariales (ERP). Su utilidad es incuestionable en cuanto a gestión de procesos de compras, transportes, producción, etc.

De hecho, este tipo de programas se consideran a menudo como la columna vertebral de la transformación digital de las empresas. Para ello, han pasado de ser sistemas de grabación de datos a ser sistemas inteligentes (i-ERP), que incluyen automatización, colaboración contextual e inteligencia artificial.

La compañía SAP, una de las más prestigiosas del sector, ha desarrollado una versión de su producto que trabaja en la nube: SAP S/4HANA Cloud. Esta solución se beneficia de herramientas como el aprendizaje máquina, técnicas analíticas avanzadas, computación en la nube, etc.

Para empresas de pequeño tamaño, el mercado ofrece actualmente la posibilidad de contar con programas de gestión sencillos que trabajan directamente en la nube, y son totalmente adaptables a las necesidades reales de cada empresa. Hay proveedores que desarrollan soluciones para gestión de equipos de trabajo, control de calidad de la producción, gestión de la relación con clientes (CRM), entre otras muchas, con costes muy bajos y rendimientos altos, basados en la simplicidad y la eficiencia de sus códigos de programación.

Extracción del valor de la información: datos masivos e inteligencia empresarial

Las enormes cantidades de información de que disponen todas las empresas las asemejan a las minas: en su interior contienen una gran riqueza que se debe extraer utilizando técnicas específicas.

Hasta ahora, la mayoría de las empresas no explotaban de manera conveniente la información que tenían, y perdían una importante fuente de valor sin ser siquiera conscientes de ello.

En el contexto del siglo XXI, la cadena de suministro de la empresa necesita obtener el **máximo valor de la información** que tiene disponible para poder percibir lo que ocurre a su alrededor, incluso cuando lo que sucede tenga una apariencia confusa e ininteligible.

Se encuentran disponibles técnicas de análisis muy potentes que, utilizando la arquitectura informática adecuada, pueden extraer de la información de la empresa correlaciones entre diferentes factores y variables, y obtener conclusiones útiles para tomar decisiones de negocio.

La disciplina de la **inteligencia empresarial** tiene como objetivo optimizar el uso de la información de la empresa para lograr que esta se convierta en un sistema inteligente, es decir, capaz de generar mejores alternativas y de aprovechar oportunidades ocultas para la mayoría.

Algunas de las técnicas que se utilizan en la inteligencia empresarial son la generación de reportes, el procesamiento analítico en línea, la analítica prescriptiva y predictiva, la minería de datos, la minería de procesos, el procesado de eventos complejos, la gestión del rendimiento de negocio, la mejora basada en la comparación con referencias de la competencia, etc.

La recolección de la información, su almacenamiento, organización y gestión, son elementos fundamentales para este tipo de disciplina de negocio. La cadena de suministro digitalizada cumpliría con todos los requisitos necesarios.

A las técnicas analíticas que se emplean en la disciplina de la inteligencia empresarial se las conoce, en conjunto, como **técnicas de datos masivos**. En general, consisten en tomar un conjunto enorme de datos y, utilizando algoritmos matemáticos, extraer correlaciones que a simple vista o con herramientas convencionales de procesamiento no se podrían detectar.

Es decir, se puede predecir el comportamiento de un sistema de interés a partir del tratamiento matemático de un conjunto de datos suficientemente grande.

Como resultado, se conoce qué ocurre, pero no por qué. La causa se podría determinar después, relacionando las conclusiones obtenidas con los factores visibles que, por experiencia empresarial, se sabe que pueden influir. Pero también puede ocurrir que no logre averiguarse nunca.

En todo caso, la información obtenida del tratamiento de los datos es suficiente para tomar decisiones empresariales, que pueden ser operacionales o estratégicas.

Un factor crítico para la explotación de las técnicas de inteligencia empresarial y de datos masivos es la **calidad de la información** que se alimenta al sistema. En este sentido, tan importantes son las tecnologías que se encuentren disponibles en la empresa, como los procesos desarrollados por el personal que interviene en la generación y gestión de la información.

Una de las máximas de este tipo de tecnologías es «el sistema te devuelve lo que tú le alimentas». Por lo que, para obtener buenas conclusiones y análisis correctos, se debe alimentar información de buena calidad.

La cadena de bloques, o la nueva forma de gestionar la empresa

La cadena de bloques es el siguiente paso en la evolución de internet. Un paso derivado del avance tecnológico en el almacenamiento, la gestión y el cifrado de la información, en la gestión de bases de datos e identidades digitales, y en la confianza entre elementos interconectados.

Se trata de un avance que supondrá un cambio de gran envergadura en la operación de las empresas y en su relación con sus clientes, además de convertirse en el origen de numerosos modelos de negocio aún desconocidos.

La cadena de bloques es, en líneas generales, un conjunto de ordenadores (o servidores) llamados «nodos» que, conectados entre sí en una red entre pares (P2P según sus siglas en inglés), utilizan un mismo sistema de comunicación (llamado protocolo) para adicionar en una base de datos (libro mayor) bloques de información protegida criptográficamente. Es decir, una **base de datos descentralizada** cuya información no puede ser alterada, y de la que existe un consenso entre todos los miembros de la red sobre su validez y su estado.

La información es añadida a la base de datos bloque a bloque, dotando a cada uno de ellos de un código único llamado *token*. Cuando un bloque es gestionado correctamente, se añade el siguiente, razón por la cual esta tecnología se llama cadena de bloques.

Dicho de otro modo, la cadena de bloques permite establecer redes de conexión e intercambio de información en las que cada usuario queda validado para disponer, transmitir y ampliar la información de la base de datos, sin contar con un agente central que administre todas las transacciones y conceda autorizaciones y privilegios. La figura 5.4 muestra un esquema general de su funcionamiento, concretamente en el caso de una transacción de dinero.

Con la tecnología de la cadena de bloques se pueden establecer redes de comunicación y trabajo en las que las transacciones de información sean mucho más rápidas, seguras y automatizadas. Y es ahí donde se genera el valor para las cadenas de suministro de las empresas. Los múltiples elementos que las conforman quedarán conectados entre sí, con identidades validadas, y con un acceso seguro y transparente a toda la información que se haya decidido compartir para el buen desarrollo de las transacciones comerciales y de los servicios prestados.

El resultado serán cadenas de suministro más rápidas, eficientes y flexibles, capaces de adaptarse prácticamente a cualquier circunstancia y de ofrecer en cada momento el mejor valor para todas las partes.

Cómo funciona blockchain

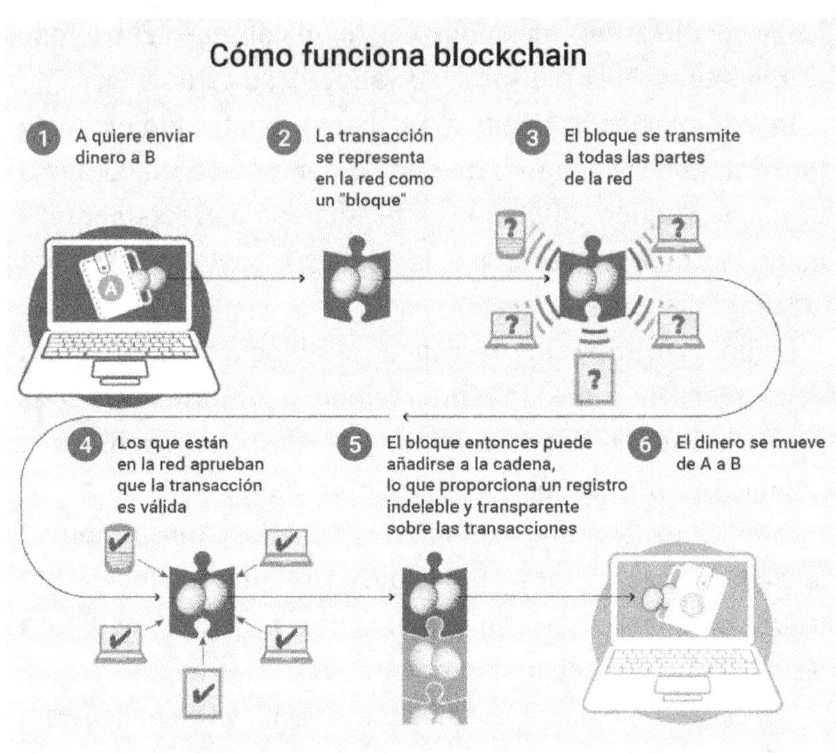

Figura 5.4. Funcionamiento de la cadena de bloques para una transacción monetaria.

Cada bloque de información que se introduzca en la cadena, por ejemplo un pedido de suministro, será inmediatamente conocido por todas las partes implicadas, que podrán automatizar las decisiones a tomar, y empezar a producir inmediatamente, preparar un transporte, un seguro de mercancías, etc., sin esperar a que un agente central autorice dichos movimientos.

De esta manera, la cadena de suministro queda liberada de horarios y de multitud de pasos intermedios y operaciones manuales, autorizaciones, validaciones, peticiones de presupuestos, introducción de órdenes de trabajo o de pedidos en el sistema informático, etc.

Pero donde reside el valor más importante de la cadena de bloques es en que permite la generación de nuevos modelos de negocio basados en la nueva forma de compartir y gestionar la información.

Es decir, la cadena de suministro 4.0 podría, utilizando la cadena de bloques, generar un valor aún mucho más grande para la empresa, diversificando las fuentes de obtención de beneficio económico y ofreciendo a los clientes soluciones personalizadas y optimizadas.

Cualificación tecnológica de los trabajadores

Una de las necesidades que todo proceso de digitalización empresarial debe cubrir es la cualificación de las personas. El salto que existe entre el conocimiento tecnológico medio de los trabajadores de las empresas y el nivel que exigen las tecnologías 4.0 para ser correctamente explotadas, es cada vez más grande.

Este factor es un gran riesgo para el proceso de digitalización de cualquier empresa y, por extensión, para su supervivencia en un futuro inmediato.

Aunque sean trabajadores especializados los que se encarguen de gestionar las tecnologías más avanzadas, todos los trabajadores de la empresa deben tener unos conocimientos mínimos en herramientas digitales.

La Unión Europea, a través del Consejo Europeo de Asociaciones Profesionales de Tecnologías de la Información (CEPIS), creó hace ya veinte años los certificados ECDL *(European Computer Driving License),* con el objetivo de dotar a cualquier ciudadano de una herramienta con la que demostrar los conocimientos que tenga en el campo de la informática y las tecnologías de la información.

Los certificados ya están presentes en más de ciento cincuenta países, y suman más de quince millones.

Lamentablemente, aún hoy en día, los estudios que lleva a cabo la Fundación ECDL[4] demuestran que hay una gran diferencia entre los conocimientos que los trabajadores de las empresas creen tener, y los que tienen en realidad. Asimismo, también es un hecho contrastado que las empresas pierden una enorme cantidad de dinero debido a la falta de conocimientos tecnológicos de los trabajadores.

Es una labor prioritaria para cualquier empresa cualificar a sus trabajadores en el campo de la digitalización, si no quiere correr el riesgo de naufragar en el mar de la industria 4.0.

----

[4] Se puede leer información al respecto en: http://www.ecdl.org

6

Modelos de organización humana en la cadena de suministro 4.0

Carlos Hernández Barrueco

Introducción

¿Qué perfiles de personas y modelos de organización de los recursos humanos exigirá el futuro? El mundo se transforma a una velocidad mayor que nunca. Lo que hoy es válido, puede que dentro de cinco años ya no lo sea. Y los plazos se van acortando.

Es posible que dentro de treinta años la necesidad de adaptación y flexibilidad de las estrategias, las técnicas, las decisiones sea inmediata. La irrupción de nuevas tecnologías está suponiendo para la gestión de la cadena de suministro un cambio tan profundo como lo fue en su día la introducción de máquinas en la producción, o la aparición de la informática para los departamentos administrativos y financieros.

Por todo ello, cualquier profesional que quiera dedicarse a este campo en los próximos años, o que se esté dedicando actualmente y quiera continuar haciéndolo, se deberá plantear estas preguntas:

- ¿Qué tipo de talento se va a necesitar y cómo se va a buscar?
- ¿Qué puestos de trabajo se prevén para el futuro de la gestión de la cadena de suministro?
- ¿Cómo serán los modelos de organización humana dentro de las empresas?

Este capítulo intenta responder a estas preguntas y anticiparse a ese futuro cada vez más cercano.

Algunas definiciones y conceptos previos

¿Qué es la revolución 4.0?

El concepto de industria 4.0 se presentó por primera vez en la Feria de Hannover de 2011. Desde entonces se hace referencia a la revolución industrial 4.0 como un proceso por el cual la actual industria se transformará en un modelo nuevo, dominado por la gestión ciberfísica, frente a la gestión cibernética o manual.

¿Qué tecnologías se enmarcan dentro de la revolución 4.0?

Existen numerosas tecnologías que interactuarán con elementos físicos y que podrán ser usadas por la cadena de suministro 4.0. Ejemplos de este tipo de tecnologías son: robótica, internet de las cosas, drones, vehículos autónomos, etiquetas inteligentes, realidad virtual, realidad aumentada, almacenes automáticos, inteligencia artificial, datos masivos, cadena de bloques, computación en la nube, fabricación aditiva, impresoras 3D, ciberseguridad.

¿Qué es la cadena de suministro 4.0?

La cadena de suministro es un conjunto de procesos que abarcan desde la planificación del suministro inicial para elaborar o transformar un producto hasta la entrega del mismo, gestionando los materiales e informaciones a lo largo de todo este flujo.

Por lo tanto, abarca los pasos y funciones necesarios para el transporte desde el proveedor, la posterior descarga, el almacenaje, la producción, la retirada y el almacenaje de producto acabado, la manipulación, la carga, el transporte y la entrega al destinatario, así como todos los procesos administrativos necesarios.

Por su parte el concepto 4.0 hace referencia, como hemos visto, a la revolución 4.0. Dicho de otro modo, la cadena de suministro 4.0 es toda aquella gestión de flujos de materiales e información desde los proveedores hasta los clientes de la empresa que se acompaña de herramientas tecnológicas 4.0 que permiten una conectividad entre el mundo físico y el mundo cibernético (gestión ciberfísica).

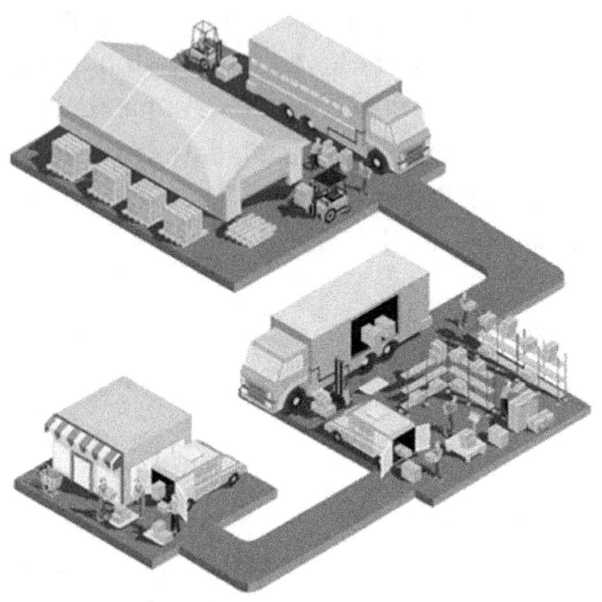

Figura 6.1. La cadena de suministro puede tener muchos o pocos nodos, y abarca toda la gestión de flujos de materiales e información desde los proveedores hasta los clientes.

Se trata de una cadena de suministro muy distinta de la tradicional, ya que intervienen procesos y perfiles muy diferentes, y sobre los que merece la pena reflexionar.

¿Qué tipo de talento va a necesitarse y cómo se va a buscar?

La búsqueda y retención del talento ya es algo clave en algunos perfiles actualmente. No tienen por qué ser perfiles de alto nivel. Por ejemplo, existe una carencia de conductores profesionales en numerosos países.

Ni que decir tiene que en la medida en que se vayan explotando nuevas tecnologías, la necesidad de perfiles que sepan manejarlas, desarrollarlas o mejorarlas va a ser muy grande, y vital para muchas empresas.

Podríamos decir, de forma resumida, que la irrupción de este nuevo tipo de tecnologías va a suponer tres grandes cambios para las empresas y para las personas que las forman:

- Los perfiles poco cualificados, que realizan tareas básicas, irán siendo sustituidos por tecnologías que realicen dichos trabajos de manera más eficiente y competitiva.
- Los perfiles de cualificación media complementarán sus trabajos con la ayuda de tecnologías muy avanzadas, como la inteligencia artificial (IA), el internet de las cosas, etc., lo que exigirá importantes planes de formación y adaptación.
- Los perfiles altamente cualificados van a ser muy requeridos, y se prevé una situación de mayor demanda que oferta, lo que originará grandes cambios internos. La mayoría de estos perfiles los ocuparán personas de las nuevas generaciones, creando una obsolescencia de los perfiles de nivel alto, en caso de no saber adaptarse a la situación de transformación que las nuevas tecnologías conllevan.

Los perfiles de cualificación media corresponden tradicionalmente a los mandos intermedios, tales como responsables de tráfico, responsables de equipo, responsables de almacén, etc. Podríamos decir que este tipo de perfiles:

- En lo relativo a los flujos físicos de materiales: dirigen equipos de personas de perfil bajo, sin cualificación excesiva requerida (conductores, mozos de almacén, etc.).
- En lo referente a flujos administrativos aportan un valor añadido y gestionan informaciones complejas (operadores de tráfico, planificadores, etc.), y dirigen a los perfiles administrativos bajos, que realizan tareas rutinarias.

En el futuro, muchas de las operaciones que hoy en día realizan los trabajadores indicados con perfiles bajos serán sustituidas por diversas tecnologías (véase la tabla 6.1).

En lo referente al personal laboral con perfiles medios, se prevé que vaya derivando hacia la especialización en la gestión de este tipo de tecnologías, con ayuda y soporte de otras (véase la tabla 6.2).

Internamente, estos puestos de trabajo deben ser considerados usuarios avanzados de estas tecnologías y las personas que los ocupen deberán poseer un amplio conocimiento de las mismas para poder manejarlas.

Puestos actuales	Tecnologías sustitutivas
Almacenistas / operación de almacén	Robótica, internet de las cosas, inteligencia artificial, drones, almacenes automáticos, vehículos autónomos de almacén
Conducción	Vehículos autónomos, internet de las cosas, inteligencia artificial, gestión inteligente del transporte
Administración	Inteligencia artificial, datos masivos, cadena de bloques, ciberseguridad, programas de gestión empresarial con procesos automatizados

Tabla 6.1. Perfiles de cualificación media, y ejemplos de tecnologías que podrían sustituirlos.

Puestos actuales	Tecnologías complementarias de ayuda a la gestión
Responsables de tráfico, responsables de almacén, responsables de depósitos aduaneros, responsables de planificación, etc.	Inteligencia artificial, internet de las cosas, rastreo en red, automatización de procesos robóticos, repositorio de almacenamiento de datos, analítica predictiva, aprendizaje máquina, datos masivos, cadena de bloques

Tabla 6.2. Perfiles de cualificación media y ejemplos de tecnologías que complementarán su actividad.

Análisis de los perfiles altamente cualificados

Por último, los perfiles de alta cualificación van a requerir exigentes planes de formación y entrenamiento en el uso de nuevas tecnologías, e incluso en ocasiones en su desarrollo y su mejora. También deberán recibir formación específica en la dirección de los equipos que trabajen con ellas. De acuerdo con numerosos estudios este tipo de perfiles evolucionarán hacia un conjunto de conocimientos compuesto por ciencia, tecnología, ingeniería y matemáticas (STEM, según sus siglas en inglés).

Sin duda, estos son perfiles muy adecuados para mandos que deben comprender y trabajar todos los días con este tipo de entorno 4.0. Pero en los modelos de organización derivados de las nuevas tecnologías se valoran mucho, y hasta se consideran imprescindibles, otro tipo de habilidades personales relacionadas con la comunicación, la creatividad, la flexibilidad, el liderazgo facilitador, la capacidad de innovar, etc.[1]

Figura 6.2. Las disciplinas que podrían dominar los perfiles de cualificación alta, según su denominación en inglés.

---

[1] En la literatura relacionada con la organización humana de las empresas, estas habilidades se conocen como *soft*, en contraposición con las habilidades *hard*, que son las adquiridas a lo largo de todo el periodo formativo de la persona: conocimientos relacionados con diferentes áreas o especialidades.

La polivalencia y el conocimiento de la tecnología a nivel general serán otros de los retos de estos perfiles. Contrariamente a la especialización actual, este tipo de profesionales deberán conocer y dominar una amplia gama de tecnologías, lo que dificultará enormemente el acceso a la profesión, pero también ofrecerá amplias oportunidades a quienes lo logren.

Internamente, estos puestos serán considerados como «usuarios clave» y en algunos casos, incluso, «desarrolladores». Por lo tanto, una situación que podría darse sería la fusión entre áreas tan separadas como las pertenecientes al entorno de la cadena de suministro por un lado y las relacionadas con los entornos de la informática y el mantenimiento. Podría resultar un macro-departamento llamado gestión de la cadena de suministro – informática – mantenimiento.

¿Cómo y dónde buscar el talento 4.0?

Tradicionalmente ha habido dos formas de conseguir el talento:

- Buscándolo y contratándolo fuera de la empresa.
- Desarrollándolo internamente o mediante colaboraciones.

En un futuro se prevé que estas dos fórmulas sigan plenamente vigentes, si bien con bastante mayor dificultad en su ejecución.

Las herramientas de «caza de talentos» serán cada vez más potentes y permitirán:

- Búsquedas masivas multiportal (es decir, que puedan analizar una gran cantidad de perfiles provenientes de currículos de distintos portales de trabajo).
- Análisis de datos masivos. Este tipo de análisis no comparará meros datos objetivos sencillos (si el candidato tiene una licenciatura concreta o no, por ejemplo), sino que permitirá la realización de análisis complejos de los perfiles públicos para analizar cuestiones como el número de amigos, la popularidad, la creatividad, la capacidad de emprendimiento, etc.
- Los portales de búsqueda de trabajo no sólo serán herramientas puntuales para encontrar un nuevo puesto, también serán bases de datos de trabajadores en activo que estén abiertos a nuevas ofertas, si estas cumplen ciertos requisitos, cada vez más exigentes.

En cuanto al desarrollo interno, o a través de colaboraciones, podemos indicar una de las vías que ya actualmente están empezando a aparecer: programas específicos que diseñan las empresas con el objetivo de desarrollar el talento que les hará falta dentro de unos años. Se buscan preferentemente estudiantes que destaquen y que quieran incorporarse de manera progresiva a una empresa al terminar sus estudios, si no antes.

Un ejemplo de este tipo de búsquedas de talento es el programa Talento 4.0[2] (véase la figura 6.3, en la que se muestra la

---

[2] El programa de ASTI se puede ver en la web https://talento40.com/

  CADENA DE SUMINISTRO 4.0.

portada del programa en internet) de la empresa ASTI, experta en vehículos autónomos de almacén que prevé una importante demanda de profesionales en campos tecnológicos complejos y sin mucha oferta.

Algunos de los componentes de este programa son:

- **Asti Academy.** Se trata de un programa de formación profesional dual con formación complementaria en la compañía, en las competencias que demanda la industria 4.0. La participación en el mismo ofrece la oportunidad de desarrollar una carrera profesional en ASTI paralelamente y con posterioridad a la formación.
- **Asti Challenge.** Es un programa destinado a dar a conocer y fomentar el talento basado en ciencia, tecnología, ingeniería y matemáticas. Pretende identificar solucio-

Figura 6.3. Portada en internet del programa Talento 4.0, de la empresa ASTI.

nes innovadoras y nuevas oportunidades de negocio en el campo de la robótica móvil colaborativa.

- **Stem Talent Girl.** Es un interesante programa educativo para el desarrollo del talento y el fomento de vocaciones científicas y tecnológicas de las niñas y adolescentes. Se lanza en colaboración con Telefónica Open Future, el Museo de la Evolución Humana y la Fundación Atapuerca. Su misión es educar, inspirar y motivar a niñas y adolescentes para que prosigan brillantes carreras basadas en ciencia, tecnología, ingeniería y matemáticas, a la vez que son guiadas por mujeres que desarrollan actividades profesionales en el ámbito de la ciencia y la tecnología.
- **Asti College.** Programa en colaboración con grandes universidades y laboratorios de aprendizaje e innovación para la atracción y el desarrollo profesional de talento universitario internacional.
- **Asti Open Future.** Programa para el desarrollo del talento emprendedor en el que se pretenden acelerar compañías en el campo de la robótica móvil colaborativa y las tecnologías relacionadas con la industria 4.0, ayudando a convertir ideas innovadoras en negocios de éxito.
- **Asti Skills.** Se trata de un conjunto de esfuerzos para desarrollar el talento y las competencias de gestión personal de los individuos y los equipos que forman parte de ASTI Technologies Group.

Este caso práctico permite comprobar cómo están abordándose por parte de las empresas estos grandes retos. ASTI, evidentemente, es un ejemplo de entre muchos otros conocidos, como el proyecto Lanzadera de Mercadona, el World Culinary Center del País Vasco o tantos otros.

A modo de resumen, en relación con el desarrollo del talento:

- Se apostará por programas muy atractivos. Esto conllevará grandes esfuerzos en edificios, programas, profesorado, medios, actividades sociales, incentivos económicos, etc.
- Se crearán programas temáticos especializados para profesionales muy concretos de perfil medio (especialistas en vehículos sin conductor, etc.), pero también programas generales para profesionales de perfil alto.
- Se intentará captar a los buenos profesionales desde las etapas de formación más tempranas, intentando llegar con ellos a acuerdos económicos a medio y largo plazo, como trabajo a cambio de financiación de la carrera universitaria, salario dual, etc.

¿Qué puestos se prevén para el futuro de la cadena de suministro?

Es controvertida y confusa la cuestión de qué puestos profesionales abarca la gestión de la cadena de suministro. Esto es debido a diversas razones:

- La mayoría de los puestos de trabajo de la cadena de suministro no están asociados a unos estudios reglados y, por lo tanto, son de difícil estandarización.

- En función de qué empresa se trate, la gestión de la cadena de suministro tiene mayor o menor peso, y es por ello que la denominación a nivel interno de estos puestos es bastante imprecisa.
- No existe una regulación legal de los puestos de trabajo que permita establecer unos requisitos mínimos de acceso.
- Apenas existen normas técnicas con recomendaciones o exigencias sobre la formación y el nivel de conocimientos que debe poseer un determinado perfil, salvo excepciones como la UNE 58451, que regula el carnet de las personas que manejan carretillas.

Por estos y otros motivos, es complejo entender cuáles son los puestos que incluye la cadena de suministro. No obstante, hay algunos estudios que pueden facilitar una primera idea sobre los puestos actuales, como los estudios sobre el mercado laboral en España que elabora HAYS, que indican los puestos de trabajo más solicitados de cada sector, así como los perfiles requeridos para dichos puestos.

¿Qué puestos se considera que hay dentro
de la cadena de suministro actualmente?

En la tabla 6.3 se muestran los puestos de trabajo con perfiles medios y altos que indica la guía de HAYS sobre el mercado laboral español, para el sector logístico.

 CADENA DE SUMINISTRO 4.0.

Puestos logísticos según la guía salarial HAYS 2018	
Área	**Puesto**
Industria	Dirección de cadena de suministro
	Dirección de compras
	Responsable de logística
	Responsable de transporte / expedición
	Ingeniería de proyectos logísticos
	Técnico de logística
	Responsable de almacén
	Responsable de compras
	Ingeniería de compras
	Responsable de aprovisionamiento
	Planificación de la demanda
Operadores logísticos	Dirección regional de operaciones
	Gerencia de plataforma
	Supervisión de turno
	Dirección de desarrollo de negocio
Transitario	Dirección de oficina
	Dirección comercial
	Responsable de cuentas clave
	Comercial
	Comercial de ventas internas
	Responsable de departamento (aéreo, marítimo, etc.)
	Responsable de proyectos de carga
	Jefatura de tráfico
	Operación de tráfico

Tabla 6.3. Puestos de trabajo en el sector logístico según la guía sobre el mercado laboral en España elaborada por HAYS.[3]

---

[3] La guía sobre el mercado laboral en España que elabora HAYS se puede consultar en la web http://guiasalarial.hays.es/

A estos puestos de trabajo habría que añadirles los de perfil bajo, como conducción de carretillas, operación de almacén, preparación de pedidos o conducción de vehículos.

¿Cómo evolucionarán las clasificaciones profesionales en el sector logístico?

¿Cuál será la evolución de estos puestos de trabajo a corto, medio y largo plazo? Sería demasiado extenso analizar todos ellos, con sus perfiles actuales y transición hacia el futuro. Pero sí se pueden dividir en varios grupos e intentar predecir su proyección.

Evolución de los puestos de perfil alto

Se trata fundamentalmente de puestos de dirección:

- Dirección de cadena de suministro
- Dirección logística
- Dirección de compras
- Dirección de transporte / expedición
- Dirección de operaciones
- Dirección de plataforma

Previsiblemente, su evolución seguirá estas líneas generales:

- Se prevé que sean puestos con un perfil basado en ciencia, tecnología, ingeniería y matemáticas, más grandes habilidades en gestión de la transformación digital y en gestión de las personas y los proyectos. Esto hará que tengan que estudiar a los perfiles más bajos, para conocer bien las tecnologías que estos gestionan y poder asesorar a puestos similares en un futuro.

- Paralelamente deberán demostrar un gran empuje en lo referente al liderazgo activo y motivador para la retención del talento. La forma de organizar internamente las empresas cambiará radicalmente en los próximos años, potenciándose nuevas formas disruptivas que este tipo de perfiles deberá crear, cambiar y transformar constantemente.

- Por otro lado, deberán trabajar en entornos de economía colaborativa, y dentro de enormes grupos multinacionales. Esto hará que la capacidad de establecer relaciones interprofesionales, laborales y sociales sea clave para lograr sacar adelante sus proyectos y trabajar en el día a día.

En resumen, los puestos de trabajo de perfil alto deberán consistir en esa combinación de ciencia, tecnología, ingeniería y matemáticas, más transformación digital y nuevo liderazgo, que permita asentar y desarrollar la revolución 4.0, llevándola hacia nuevos horizontes.

Evolución de los puestos de perfil medio

En lo referente a los puestos de nivel medio, el perfil más habitual es el de profesionales con diplomaturas o ingenierías técnicas, más programas superiores especializados y seminarios específicos.

Los principales puestos intermedios son: responsables de tráfico o expediciones, de almacén, de aprovisionamiento, de planificación, ingeniería de compras, responsables de equipo o turno, etc. Puede preverse que su evolución siga estas líneas:

- Se revela que sean puestos de perfil basado en ciencia, tecnología, ingeniería y matemáticas, y que estén muy orientados a la gestión por procesos, en combinación con nuevas tecnologías y dentro de entornos de economía colaborativa y fuerte presencia del comercio electrónico. Por lo tanto, deben ser técnicamente muy competentes.
- Deberán tener una gran flexibilidad y capacidad de aprendizaje y reciclaje, ya que sus entornos cambiarán continuamente y deberán estar preparados para cambiar rápidamente.
- Será fundamental que aprendan a trabajar con los lenguajes de las tecnologías que usan, ya que se les dará la responsabilidad de gestionarlas y resolver cualquier incidencia que pudiera producirse.

Estos puestos se prevé que evolucionen hacia un entorno cada vez más técnico y especializado. Exigirán una regulación de sus perfiles y cabe esperar que las instituciones formativas presenten propuestas adaptadas a estos supuestos.

De hecho, ya se pueden observar algunos ejemplos de ello:

- La Universidad de Deusto, en Bilbao, creó en 2017 un programa y una cátedra de industria 4.0[4] que abarca numerosos conocimientos y tecnologías dirigidos a formar a los profesionales para afrontar la revolución 4.0.

- La Escuela de Organización Industrial (EOI), con sede central en Madrid y presencia internacional, también ha creado varios programas relacionados con la tecnología 4.0. Además, gestiona en colaboración con las comunidades autónomas varias iniciativas que forman parte de Industria Conectada 4.0[5], una estrategia impulsada por la Secretaria General de Industria y de la PYME (SGI-PYME) del Ministerio de Economía, Industria y Competitividad cuyo objetivo es impulsar la transformación digital de la industria española.

  Dos de las actuaciones comprendidas en esta estrategia son:

  - **HADA (Herramienta de Autodiagnóstico Digital Avanzada):** herramienta en línea que permitirá evaluar el grado de madurez digital de las empresas.

  - **Activa Industria 4.0:** programa de asesoramiento especializado y personalizado, realizado por entidades con-

---

[4] Se puede ver la información sobre el programa de industria 4.0 en este enlace: https://www.deusto.es/cs/Satellite/deusto/es/masteres/estudios-masteres/programa-en-industria-4-0/programa-14/info-prog

[5] La información sobre esta estrategia se puede ver en la web: http://www.industriaconectada40.gob.es/Paginas/index.aspx

sultoras acreditadas y con experiencia en implantación de proyectos de industria 4.0. Este programa permitirá a las empresas disponer de un diagnóstico de situación y de un plan de transformación que identifique los elementos clave necesarios en ese proceso de transformación y establezca la hoja de ruta para su implantación.

De igual modo, otras instituciones formativas ya están teniendo en cuenta estos factores. La gran mayoría de apuestas actuales pasan por licenciaturas o ingenierías, más masters y programas de especialización. Es muy probable que en el futuro siga repitiéndose esta fórmula que está muy arraigada en nuestra sociedad.

Evolución de los puestos de perfil bajo

En lo referente a los puestos de trabajo de perfil bajo, suelen estar cualificados actualmente mediante formación profesional dual, carnets (operador de carretillas, grúas puente, estiba de cargas, etc.) o títulos de capacitación (certificado de aptitud profesional (CAP), manipulación de alimentos, etc.).

La mayoría de estos puestos tenderá a desaparecer, ya que las operaciones físicas (conducción, manipulación de cargas, preparación de pedidos, etc.) podrán realizarse mediante las tecnologías 4.0 de una forma más económica. Ello será viable, además, gracias a las economías de escala y a la concentración empresarial, que potenciará este efecto.

No obstante, siempre existirá una cierta cantidad de estos puestos de trabajo en las empresas, para abordar aquellas operaciones no repetitivas o habituales que conlleven mayores costes o tiempos de programación que los que suponga la ejecución tradicional.

Asimismo, este tipo de evolución hacia una mayor automatización generará también un movimiento en sentido opuesto, como así indica el libro *Manifiesto Ciberhumanista*.[6] Y es que el llamado desempleo tecnológico[7] será uno de los mayores problemas sociales del siglo XXI, al que habrá que dar una serie de respuestas.

Se han realizado propuestas por parte de diversas entidades, que tratan de poner en valor las operaciones realizadas por seres humanos frente a la automatización. Ya se han visto movimientos similares en lo relativo a la agricultura ecológica, la moda hecha a mano, etc.

Es muy probable que el trabajo humano realizado por los ahora llamados perfiles bajos experimente una evolución natural hacia el perfil de «artesanos», que aporte un nivel más alto de calidad y cautive al consumidor. Por lo tanto, una parte de estos nuevos perfiles deberá aprender y perfeccionar el arte de proporcionar un servicio de alta calidad, si quieren sobrevivir en este nuevo entorno.

---

[6] *Manifiesto Ciberhumanista.* Editorial Marge Books. Eva Hernández Ramos y Carlos Hernández Barrueco. Barcelona, 2017.

[7] Se denomina desempleo tecnológico a aquella pérdida de empleo que se produce por introducción de nuevas tecnologías.

¿Cómo serán los modelos de organización dentro de las empresas?

La historia ha demostrado que nada hace cambiar más los modelos de organización humana que la evolución tecnológica. La cuarta revolución industrial también seguirá esa tendencia.

Se puede observar la evolución de las formas de organización técnica del trabajo a lo largo de las cuatro revoluciones industriales, en la figura 6.4.

Estos cambios también tuvieron sus consecuencias en los modelos de organización.

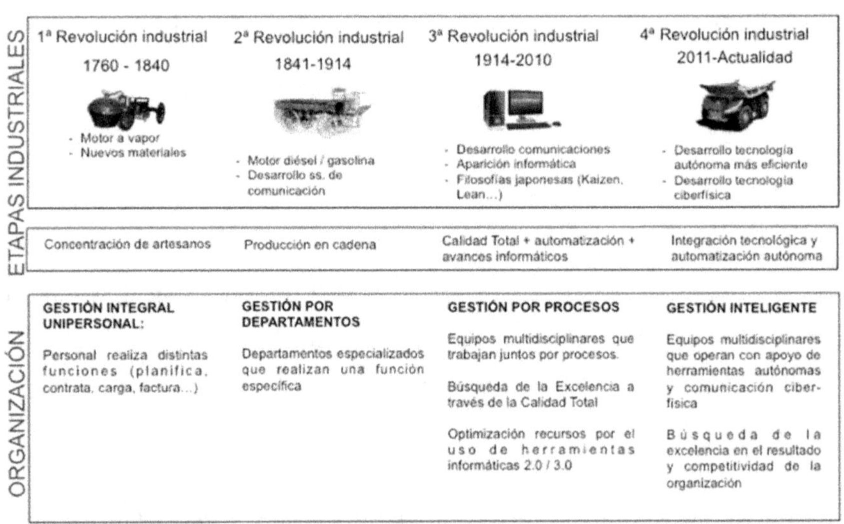

Figura 6.4. Evolución de las formas de organización técnica del trabajo, a lo largo de las diferentes revoluciones industriales.

La primera revolución industrial produjo una organización clásica por artesanos individuales.

Dicha organización fue mejorada por el taylorismo[8] y por algunas grandes empresas como Ford, durante la segunda revolución industrial, al aplicar la gestión por departamentos, en la que los recursos se organizaban por áreas temáticas (transporte, almacén, planificación, etc.) dirigidas por una persona responsable. Esta organización implica que los procesos van pasando por un departamento u otro, hasta terminar su función.

La tercera revolución industrial produjo nuevas formas de organización de los recursos, como la gestión por procesos. En este nuevo contexto, las personas se integran en diferentes equipos multidisciplinares en torno a un fin (un cliente, un mercado, un contrato). En dichos equipos suele haber un liderazgo «operativo», que convive con otro liderazgo «funcional» (logística, calidad, etc.) que establece los procedimientos a cumplir. En este sistema, además, el trabajo es apoyado a través de la informática y las comunicaciones.

Hay que decir que hasta el momento actual conviven las tres opciones organizativas.

En el caso de la cuarta revolución industrial, se presenta una nueva forma de organización de los recursos: la gestión por procesos ciberhumanos. Este nuevo modelo consiste en

---

[8] Taylorismo es el método de organización del trabajo que persigue el aumento de la productividad mediante la máxima división de funciones, la especialización del personal y el control estricto del tiempo necesario para cada tarea.

añadir herramientas como la inteligencia artificial, el internet de las cosas, los datos masivos, etc., que potencian y mejoran la gestión humana.

Este nuevo enfoque cambiará en gran medida el día a día en las empresas, ya que procesos rutinarios tales como la emisión de órdenes de carga, la comparación de ofertas de transporte, el análisis y la planificación de rutas, la realización de cotizaciones, etc. se realizarán de forma automática.

Conclusiones

La cuarta revolución industrial es realmente disruptiva en cuanto a los profesionales necesarios para abordarla, y se presentan grandes retos en materia de formación. La sociedad debe definir las necesidades, crear planes reglados de capacitación, fomentar la formación dual y apostar por la microformación[9], ya que será totalmente necesaria en un mundo en constante y vertiginoso cambio.

La captación, el desarrollo y la retención del talento serán claves para las empresas. Tener acceso a profesionales de calidad y saber retenerlos en la organización a lo largo del tiempo podrá representar la diferencia entre el éxito o el fracaso de muchas compañías. Por ello, se deben modificar las políticas

---

[9] La microformación es una variante educativa que apuesta por sesiones formativas de corta duración y aplicación inmediata, para dar respuesta rápida a las necesidades formativas o informativas.

de personal, promoviendo programas atractivos para el desarrollo de los recursos humanos necesarios.

Los modelos de organización humana de las empresas deben evolucionar para adaptarse a estos cambios. Es muy probable que muchos de los departamentos tradicionales desaparezcan. Por una parte, habrá una reducción de personal que provoque la concentración de las funciones. Por otra parte, la integración de las tecnologías en las operaciones de las empresas hará que sea más fácil fusionar las áreas que las gestionan, desarrollan y mantienen.

Por último, hay que recordar siempre que las revoluciones las hacen las personas. Y serán ellas las que seguirán haciéndolas. Llegará una quinta, una sexta, una séptima revolución industrial, con parámetros que ahora no se pueden ni imaginar. Llegarán muchas más. Y siempre las personas serán las que las comanden. En un mundo en constante cambio es necesario poner en valor al ser humano, darle el lugar que se merece, y que ese lugar sea el mejor de todos. Sólo así se podrá saber si el mundo ha evolucionado o, por el contrario, ha involucionado.

Colección: Gestiona
Director: David Soler

Cadena de suministro 4.0. Beneficios y retos de las tecnologías disruptivas
1.ª edición, 2018
© Alberto Tundidor Díaz, Eva Hernández Ramos, Cristina Peña Andrés, Javier Martínez García, Javier Campos Lleó, Carlos Hernández Barrueco
© de esta edición, incluido el diseño de la cubierta, ICG Marge, SL
© Fotografía de la cubierta: Mimi Potter
Procedencia de las ilustraciones: archivo de los respectivos autores de este libro.

Edita: Marge Books
València, 558 – 08026 Barcelona
Tel. 931 429 486 - marge@margebooks.com
www.margebooks.com

Gestión editorial: Hèctor Soler
Edición: Alberto Tundidor Díaz
Compaginación: Mercedes Lara
Impresión: Prodigitalk, SL (Martorell, Barcelona)

ISBN edición impresa: 978-84-17313-69-2
ISBN edición digital: 978-84-17313-70-8
Depósito Legal: B 13893-2018

Reservados todos los derechos. Ninguna parte de esta edición, incluido el diseño de la cubierta, puede ser reproducida, almacenada, transmitida, distribuida, utilizada, comunicada públicamente o transformada mediante ningún medio o sistema, bien sea eléctrico, químico, mecánico, óptico, de grabación o electrográfico, sin la previa autorización escrita del editor, salvo excepción prevista por la ley. Diríjase a Cedro (Centro Español de Derechos Reprográficos, www.conlicencia.com) si necesita fotocopiar, escanear o hacer copias digitales de algún fragmento de esta obra.

El papel empleado en este libro no ha sido blanqueado con cloro elemental (Cl_2).

Lean Company. Más allá de la manufactura
Luis Socconini

Lean Energy 4.0. Guía de Implementación
Luis Socconini, Juan Pablo Martín

Lean Manufacturing. Paso a paso
Luis Socconini

Lean Six Sigma. Sistema de gestión para liderar empresas
Luis Socconini, Carlo Reato

Cómo hacer de la cadena de suministro un centro de valor
Angel Caja Corral

Cadena de suministro 4.0
Alberto Tundidor, Eva Hernández, Cristina Peña, Javier Martínez, Javier Campos, Carlos Hernández

El crédito documentario y el mensaje SWIFT
Luis Sánchez Cañizares

La investigación en seguridad. Del Titanic a la ingeniería de la resiliencia
Jaime Rodrigo de Larrucea

Manual del comercio electrónico
Eva María Hernández Ramos, Luis Carlos Hernández Barrueco

Sales and operations planning. S&OP in 14 steps
Cristina Peña Andrés

Economías transformadoras de Barcelona
Ruben Suriñach Padilla

Planificación de ventas y operaciones. S&OP en 14 claves
Cristina Peña Andrés

Cómo participar en ferias comerciales
Cristina Peña Andrés

Manual de prevención de riesgos laborales
Blas Gómez

La economia social y solidaria en Barcelona
Ivan Miró, Anna Fernàndez

Negociación para el comercio internacional
Cristina Peña Andrés

Manual del manipulador de alimentos
Blas Gómez

Manual de seguridad en el trabajo
Marge Books

Cómo innovar en las pymes. Manual de mejora a través de la innovación
Alberto Tundidor Díaz

Manual de estrategia de operaciones
Ángel Caja Corral

La Industria 4.0 en la sociedad digital
Antoni Garrell Guiu, Llorenç Guilera Agüera

Cerebro, inteligencias y mapas mentales
Zoraida G. de Montes, Laura Montes G.

Manual de gestión aduanera. Normativas del comercio internacional y modelos de integración económica
Pedro Coll

Guía documental para exportar e importar. Los 12 documentos clave
Alberto García Trius

Mass customization. Las claves de la personalización masiva
Blas Gómez Gómez

Crédito documentario. Guía para el éxito en su gestión
Cristina Peña Andrés, Amelia de Andrés Leal

Guía práctica de las reglas Incoterms® 2010
David Soler

Certificación Lean Six Sigma Green Belt para la excelencia en los negocios
Lean Six Sigma Institute, SC

Certificación Lean Six Sigma Yellow Belt para la excelencia en los negocios
Lean Six Sigma Institute, SC

Negociación intercultural. Estrategias y técnicas de negociación internacional
Domingo Cabeza, Pelayo Corella, Carlos Jiménez

Las reglas Incoterms® 2010. Manual para usarlas con eficacia
Alfonso Cabrera Cánovas

Regímenes aduaneros económicos y procesos logísticos en el comercio internacional
Pedro Coll

Inglés náutico normalizado para las comunicaciones marítimas
José Manuel Díaz Pérez

Shipping & Commercial Case Law
Albert Badia

Gestión financiera del comercio internacional
Josep M.ª Casadejús

Los abordajes en la mar
Carlos F. Salinas

Biblioteca de Logística

Manual de gestión de almacenes
Sergi Flamarique

Gestión de existencias en el almacén
Sergi Flamarique

Logística urbana. Manual para operadores logísticos y administraciones públicas
Ignasi Ragàs

Flujos de mercancías en el almacén. Procesos internos y de entrada y salida
Sergi Flamarique

Normativa del transporte de mercancías por carretera
Alfonso Cabrera Cánovas

Transporte marítimo de mercancías
Rosa Romero, Alfons Esteve

Técnicas para ahorrar costos logísticos. Aurum 2
Luis Carlos Hernández Barrueco

Gestión de operaciones de almacenaje
Sergi Flamarique

Técnicas de mejora continua en el transporte
Lander Tolosa

Técnicas para ahorrar costos en el transporte. Aurum 2E
Luis Carlos Hernández Barrueco

Título de transportista. Competencia profesional para el transporte de mercancías por carretera
Francisco Martín Jiménez

La llamada culpa grave en el transporte de mercancías por carretera
Francisco Sánchez-Gamborino

Técnicas logísticas para innovar, planificar y gestionar. Aurum 1
Luis Carlos Hernández Barrueco

Manual de transporte para el comercio internacional
Cristina Peña Andrés

La mente y el corazón del logista
Laura Pujol Giménez, Mariano F. Fernández

Manual del transporte marítimo
Agustín Montori Díez, Carlos Escribano Muñoz, Jesús Martínez Marín

Normativa de estiba en carretera. Claves, soluciones y modelos para estibar y trincar cargas
Eva María Hernández Ramos

Almacenes y centros de distribución Manual para optimizar procesos y operaciones
Diego Luis Saldarriaga Restrepo

Manual del transporte en contenedor
Jaime Rodrigo de Larrucea

Manual del transporte de mercancías
Jaime Mira, David Soler

Unidades de carga en el transporte
David Soler

Carretilla frontal contrapesada. Normas de uso y seguridad
VVAA

Seguridad marítima. Teoría general del riesgo
Jaime Rodrigo de Larrucea

Manual técnico de carretillas elevadoras
Vicenç Ripoll

Estiba y trincaje de las mercancías en contenedor
Francisco Fernández Sasiaín

Transporte ferroviario de mercancías
Miguel Ángel Dombriz

Transporte en contenedor
Jaime Rodrigo de Larrucea, Ricard Marí, Álvaro Librán

El transporte por carretera
José Manuel Ruiz Rodríguez

La seguridad en los puertos
Ricard Marí, Jaime Rodrigo de Larrucea, Álvaro Librán

Centros logísticos
Ignasi Ragàs

El Convenio CMR
Francisco Sánchez-Gamborino, Alfonso Cabrera Cánovas

Transporte de mercancías por carretera. Manual de competencia profesional
José Manuel Ruiz Rodríguez

Soluciones logísticas para optimizar la cadena de suministro
Francisco Álvarez Ochoa

El transporte internacional por carretera
Alfonso Cabrera Cánovas

El contrato de transporte por carretera
(Ley 15/2009)
Alfonso Cabrera Cánovas

Diccionario de logística
David Soler

València, 558 – 08026 Barcelona – Tel. +34-931 429 486 – marge@margebooks.com – www.margebooks.com

www.ingramcontent.com/pod-product-compliance
Lightning Source LLC
LaVergne TN
LVHW010344200726
843507LV00010B/1643